近畿圏版③ 使いやすい！教えやすい！家庭学習に最適の問題集！

関西学院初等部

2020・2021 年度過去問題を掲載

雲雀丘学園小学校

2020・2021 年度過去問題を掲載

2022 年度版 過去問題集

<問題集の効果的な使い方>

①お子さまの学習を始める前に、まずは保護者の方が「入試問題」の傾向や難しさを確認・把握します。その際、すべての「学習のポイント」にも目を通しましょう。
②入試に必要なさまざまな分野学習を先に行い、基礎学力を養ってください。
③学力の定着が窺えたら「過去問題」にチャレンジ！
④お子さまの得意・苦手がわかったら、さらに分野学習を進めレベルアップを図りましょう！

合格のための問題集

関西学院初等部

常識	Ｊｒ・ウォッチャー 27「理科」、55「理科②」
常識	Ｊｒ・ウォッチャー 56「マナーとルール」
言語	Ｊｒ・ウォッチャー 49「しりとり」
図形	Ｊｒ・ウォッチャー 54「図形の構成」
口頭試問	新 口頭試問・個別テスト問題集

雲雀丘学園小学校

お話の記憶	1話5分の読み聞かせお話集①・②
数量	Ｊｒ・ウォッチャー 36「同数発見」
推理	Ｊｒ・ウォッチャー 6「系列」
常識	Ｊｒ・ウォッチャー 27「理科」、55「理科②」
口頭試問	新 口頭試問・個別テスト問題集

●資料提供●

ヘッズアップセミナー

ISBN978-4-7761-5380-1

C6037 ¥2300E

9784776153801

定価 2,530 円

(本体 2,300 円＋税 10%)

1926037023005

日本学習図書 ニチガク

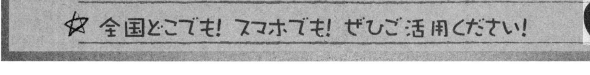

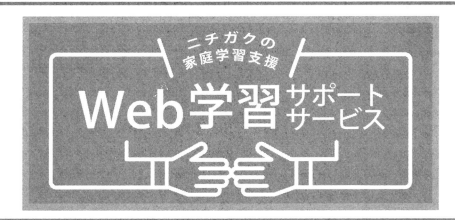

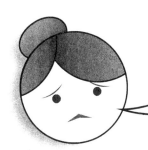

目指せ！合格！ 家庭学習ガイド
関西学院初等部

口頭試問　親子面接

入試情報

募集人数：男女 90 名
応募者数：非公表
出題形態：ノンペーパー
面　　接：保護者・志願者
出題領域：口頭試問（常識、推理、言語、図形）

入試対策

2021 年度入試は口頭試問形式で実施されました。ただ、事前に発表されていたのでそれほど戸惑うことはなかったのではないでしょうか。内容としても、例年ペーパーテストで出題されているものと大きな違いはなく、ペーパー学習が無駄になるようなこともありません。2022 年度入試は、個別筆記試験（９月入試）という形式で実施されます。ペーパーと口頭試問の間くらいの感じになるのではないかと考えられます。10 月入試は、親子面接と口頭試問という、今年度と同じような形で実施されます

●2021 年度入試では出題されませんでしたが、絵本からストーリーを抜粋した「お話の記憶」の問題が例年出題されています。読み聞かせを習慣にして、長文の出題にも慣れておきましょう。

●「行動観察」「運動」は実施されませんでした。それだけに、試験すべてが行動観察の対象になっているとも言えます。学校にいる間はずっと観られているという気持ちで試験に取り組みましょう。

●毎年のように試験形式が変化していますが、学校が求めているお子さまに変化があるわけではありません。保護者の方は、学校が何を求めているのかをしっかり理解しておきましょう。

「関西学院初等部」について

〈合格のためのアドバイス〉

2020年度入試は日程によって入試形式が異なっていましたが、2021年度入試ではすべて口頭試問形式で実施されました。2022年度入試はまた少し変化があります。9月入試は「親子面接＋子ども面接（20分）および個別筆記試験（30分）」、10月入試は「親子面接（15分）および子どものみの口頭試問（15分）」と発表されています。

今年度は、例年行われていた絵本をテーマにした長文のお話の記憶が出題されませんでしたが、9月入試の試験時間を考えると2022年度入試では実施される可能性があると言えます。また、行動観察や運動も行われないでしょう。ただ、子ども面接の時に行動観察的な課題や簡単な運動課題が行われることはあり得るので、ペーパー学習に集中しすぎないようにしましょう。

今年度の試験は口頭試問ではありましたが、内容としては例年と大きな変化はなく幅広い分野から出題されており、どの問題も柔軟な思考力や対応を求められる試験となっていました。1つの事実から類推して答えを見つけ出す力、つまり推理する力が求められる内容も多く、粘り強く取り組む姿勢が必要です。

また、常識やマナーについても例年出題されています。マナーについては、お子さまが問題を解けなかった場合、保護者の方の躾ができていないと判断されます。お子さまの見本となるように努めましょう。マナー以外にも、理科常識（植物、生きものなど）、季節の行事などについて幅広く出題されます。日常生活の中で知識を身に付けてください。

親子面接は、願書に書いてある項目からの質問を中心に、家庭での教育方針やお子さまの性格やエピソードなど多岐にわたる質問をされます。家庭と学校の教育方針をうまく結びつけて答えたり、お子さまの性格に合った取り組みを学校が行っているなど、入学するなら当校でなくてはならないという理由を考えておく準備をしておきましょう。

〈2021年度選考〉

◆口頭試問
◆保護者・志願者面接（考査日前に実施）

入試のチェックポイント
◇受験番号は…「非公表」
◇生まれ月の考慮…「あり」

〈本書掲載分以外の過去問題〉

◆推理：1番長い鉛筆を選ぶ。[2019年度]
◆推理：水の入ったコップに氷を入れるとどうなる。[2019年度]
◆常識：花と葉を線でつなぐ。[2019年度]
◆常識：料理と使う食器を線でつなぐ。[2019年度]
◆図形：図形の角の数が同じものを選ぶ。[2019年度]
◆言語：「とる」という言葉を使うものを選ぶ。[2019年度]

目指せ！合格！

家庭学習ガイド
雲雀丘学園小学校

ペーパー　口頭試問　絵画　行動観察　運動　親子面接

入試情報

募集人数：男女135名（内部進学者を含む）
応募者数：男女223名
出題形態：ペーパー、ノンペーパー
面　　接：保護者（原則両親）・志願者
出題領域：ペーパー（お話の記憶、数量、推理、図形、言語、常識）、口頭試問、制作、音楽、運動

入試対策

当校の入試の特徴は、口頭試問の多様さです。お子さまが口頭で答えるのが苦手にしているようなら、日々の学習でも口頭で答える練習を取り入れるようにしましょう。筆記具を使う答え方ばかりに頼っていると、試験当日に戸惑うことになってしまいます。出題は基礎問題が中心ですが、理科常識の問題に高いレベルの知識を求められるものがあります。しっかりと対策をとっておきましょう。

- 理科常識の問題は、季節、動物、植物など、幅広い上に高い知識を求められる出題があります。しっかりと学習しておいてください。
- 個別テストでは、実物を見せておいて、「これは何」と聞かれることもあるので、実際にさまざまなものを見たり経験したりして知識を身に付けてください。
- 今年も模写と絵画が出題されました。ていねいに描くことはもちろんですが、何を描くのかも大切なポイントになります。
- 2021年度入試では、行動観察と歌唱の課題が行われませんでした。2022年度入試ではどうなるかは不明ですが、準備だけはしておいた方がよいでしょう。

「雲雀丘学園小学校」について

〈合格のためのアドバイス〉

当校は、個性と創造力を伸ばし、基礎学力をしっかり身に付ける初等教育を実施しています。「花育」をキーワードに、花や緑に触れることによって、自然に親しみ、自然を慈しみ、自然を守ろうとする心を養い、「自然を大切にする心＝地球環境の保護」の意義を学んでいます。

2022年度入試から専願と併願という形で試験日程が分かれるようになります。もともと専願の比率が高かったのですが、そうした姿勢がより明確になったと言えるのかもしれません。学校ホームページでも「専願の方は一定の優遇措置をとっております」と明記してあるように、当校を第一志望に考えている方は専願での受験が望ましいのではないでしょうか。

2021年度入試では、ペーパーテスト、口頭試問、制作、音楽、運動が行われました。その中でも、口頭試問は問題数も多く、さまざまな分野の出題があります。口頭試問には、結果だけで評価するのではなく、解答する時の態度や姿勢を観るという意図があります。正解がわからない場合でもどういう対応をするのかが観られます。そのため、保護者の方は日頃の学習の中で、正解不正解という結果だけでなく、どう考えたのかという過程も大切にしてください。お子さまの解答が間違っていたら、どうしてそう思ったのかを聞くことにより、解決策が見つかり、さらに深い理解を得られる学習が可能になります。お子さまがどう考えたのかを常に意識させるように心がけてください。その探究心が思考力や創造力を養います。

また、今年度から面接が親子面接に変更になりました。しかも原則両親＋志願者という形なので、日程をしっかり確認しておきましょう。

〈2021年度選考〉

◆ペーパーテスト
◆口頭試問
◆制作
◆音楽
◆運動
◆保護者・志願者面接（考査日前）

◇過去の応募状況

2021年度　男女223名
2020年度　男女213名
2019年度　男女215名

入試のチェックポイント

◇受験番号は…「願書提出順」
◇生まれ月の考慮…「あり」

〈本書掲載分以外の過去問題〉

◆推理：水の量の比較。[2019年度]
◆図形：写真に写っている動物を選ぶ。[2019年度]
◆図形：時計を鏡に映すとどう見えるか。[2019年度]
◆言語：名前のはじめの音も終わりの音も同じものを選ぶ。[2019年度]

(得) 先輩ママたちの声！

◆実際に受験をされた方からのアドバイスです。
ぜひ参考にしてください。

関西学院初等部

・駅や公園などの公共施設でのマナーやルールが常識問題として出題されるので、ふだんの生活の中で身に付けておくとよいと思います。

・面接は、学校に関しての知識が問われる内容でした。学校が開催する行事にはすべて参加し、パンフレットや資料も熟読した方がよいです。

・今年度はすべて口頭試問形式での出題でしたが、ペーパーテストで出題されるような内容だったので、ペーパー学習もしっかりしておいた方がよいと思います。

雲雀丘学園小学校

・試験は口頭試問が多いです。子どもは人見知りをするタイプだったので、早めの対策を心がけました。「ありがとうございます」「ごめんなさい」などしっかり言えるようにしておくことが大切だと思いました。

・毎年サーキット運動が出ています。子どもの運動能力はすぐに上がるものではないので、日頃から遊びを通して練習させていました。

・説明会はオンラインでしたが、学校行事、授業の様子、コロナ対策、入試に関することなど、ていねいな説明でした。

・面接対策として、両親で話し合い、子どもの性格や特徴を分析しました。そうした対策が、面接だけでなく学習のサポートにも役立ち、小学校受験を通して１番の収穫になったと感じました。

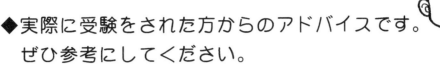

関西学院初等部
雲雀丘学園小学校
過去問題集

〈はじめに〉

現在、少子化が叫ばれているにもかかわらず、私立・国立小学校の入学試験には一定の応募者があります。入試は、ただやみくもに学習するだけでは成果を得ることはできません。志望校の過去における出題傾向を研究・把握した上で、練習を進めていくこと、その上で試験までに志願者の不得意分野を克服していくことが必須条件です。そこで、本問題集は小学校を受験される方々に、志望校の出題傾向をより詳しく知って頂くために、過去に遡り出題頻度の高い問題を結集いたしました。最新のデータを含む精選された過去問題集で実力をお付けください。

また、志望校の選択には弊社発行の「2022年度版　近畿圏・愛知県　国立・私立小学校　進学のてびき」をぜひ参考になさってください。

〈本書ご使用方法〉

◆出題者は出題前に一度問題を通読し、出題内容などを把握した上で、〈 準　備 〉の欄に表記してあるものを用意してから始めてください。

◆お子さまに絵の頁を渡し、出題者が問題文を読む形式で出題してください。問題を読んだ後で、絵の頁を渡す問題もありますのでご注意ください。

◆「分野」は、問題の分野を表しています。弊社の問題集の分野に対応していますので、復習の際の目安にお役立てください。

◆一部の描画や工作、常識等の問題については、解答が省略されているものがあります。お子さまの答えが成り立つか、出題者が各自でご判断ください。

◆〈 時　間 〉につきましては、目安とお考えください。

◆［○年度］は、問題の出題年度です。［2021年度］は、「2020年の秋から冬にかけて行われた2021年度入学志望者向けの考査で出題された問題」という意味です。

◆学習のポイントは、指導の際にご参考にしてください。

◆【おすすめ問題集】は各問題の基礎力養成や実力アップにお役立てください。

〈本書ご使用にあたっての注意点〉

◆文中に **この問題の絵は縦に使用してください。** と記載してある問題の絵は縦にしてお使いください。

◆〈 準　備 〉の欄で、クレヨンと表記してある場合は12色程度のものを、画用紙と表記してある場合は白い画用紙をご用意ください。

◆文中に **この問題の絵はありません。** と記載してある問題には絵の頁がありませんので、ご注意ください。なお、問題の絵の右上にある番号が連番でなくても、中央下の頁番号が連番の場合は落丁ではありません。

下記一覧表の●が付いている問題は絵がありません。

問題1	問題2	問題3	問題4	問題5	問題6	問題7	問題8	問題9	問題10
								●	
問題11	問題12	問題13	問題14	問題15	問題16	問題17	問題18	問題19	問題20
							●	●	●
問題21	問題22	問題23	問題24	問題25	問題26	問題27	問題28	問題29	問題30
●								●	
問題31	問題32	問題33	問題34	問題35	問題36	問題37	問題38	問題39	問題40
			●		●				
問題41	問題42	問題43	問題44	問題45	問題46	問題47	問題48	問題49	
							●	●	

※問題を始める前に、巻頭の「本書ご使用方法」「本書ご使用にあたっての注意点」をご覧ください。

保護者の方は、別紙の「家庭学習ガイド」「合格ためのアドバイス」を先にお読みください。当校の対策および学習を進めていく上で役立つ内容です。ぜひ、ご覧ください。

〈関西学院初等部〉

2021年度の最新問題

問題1　分野：常識（理科）／口頭試問

〈準備〉　なし

〈問題〉　土の中にできる野菜を指さしてください。

〈時間〉　30秒

問題2　分野：常識（季節）／口頭試問

〈準備〉　なし

〈問題〉　①絵の中で夏に関係あるものを指さしてください。
②絵の中で秋に関係あるものを指さしてください。

〈時間〉　各20秒

問題3　分野：常識（理科）／口頭試問

〈準備〉　なし

〈問題〉　上の段の動物と下の段の足跡が正しい組み合わせになるように順番に指で線を引いてください。

〈時間〉　1分

問題4　分野：推理（観覧車）／口頭試問

〈準備〉　なし

〈問題〉　左の観覧車が回って右の位置まで動きました。○のところに入る動物を指さしてください。次に×のところに入る動物を指さしてください。

〈時間〉　40秒

問題5　分野：言語（しりとり）／口頭試問

〈準備〉　なし

〈問題〉　しりとりを完成させてください。○と×のところに何が入るでしょうか。○、×の順番で指さしてください。ただし、選べるのは食べものだけです。

〈時間〉　30秒

問題6　分野：図形（図形の構成）／口頭試問

〈準備〉　なし

〈問題〉　上の形を作るのに使わない形があります。下の四角の中から１つ選んで指さしてください。

〈時間〉　40秒

問題7　分野：常識（マナーとルール）／口頭試問

〈準備〉　なし

〈問題〉　公園で悪いことをしている子を指さしてください。なぜ悪いのかも答えてください。

〈時間〉　１分

問題8　分野：言語（言葉の音）／口頭試問

〈準備〉　なし

〈問題〉　上の段の絵を見てください。「だんご」は、真ん中に「ん」という音が入っています。同じように真ん中に「ん」が入っているものはどれでしょうか。下の四角の中から選んで指さしてください。

〈時間〉　30秒

問題9　分野：保護者・志願者面接

〈準備〉　なし

〈問題〉　**この問題の絵はありません。**

【保護者】
- 国立や私立の小学校がたくさんある中で、なぜ本校を選ばれたのでしょうか。理由をお聞かせください。
- 説明会やオープンスクールなどの動画配信はご覧になりましたか。ご感想をお聞かせください。
- お子さまはどんな子ですか。具体的なエピソードをお聞かせください。
- お子さまの現時点での課題は何だと思いますか。
- 本校の教育プログラムについてどのように思われますか。
- 本校に求めるものは何ですか。一言で言ってください。
- 子育てでどのようなことに気を付けていますか。
- 入学されてお子さまが仲間外れにされていると聞いたらどうしますか。

【志願者】
- 受験番号と名前を言ってください。
- 昨日は幼稚園に行きましたか。また、どのようなことをしましたか。
- お誕生日はいつですか。去年のお誕生日は何をしてもらいましたか。
- 好きな絵本を教えてください。
- どんな時、お家の人に褒められますか。
- お父さんとお母さんはどんな時に仲良しだと思いますか。
- 朝ごはんは何を食べましたか。

〈時間〉　20分程度

家庭学習のコツ①　「先輩ママのアドバイス」を読みましょう！

本書冒頭の「先輩ママのアドバイス」には、実際に試験を経験された方の貴重なお話が掲載されています。対策学習への取り組み方だけでなく、試験場の雰囲気や会場での過ごし方、お子さまの健康管理、家庭学習の方法など、さまざまなことがらについてのアドバイスもあります。先輩ママの体験談、アドバイスに学び、ステップアップを図りましょう！

問題 1

☆関西学院初等部

日本学習図書株式会社

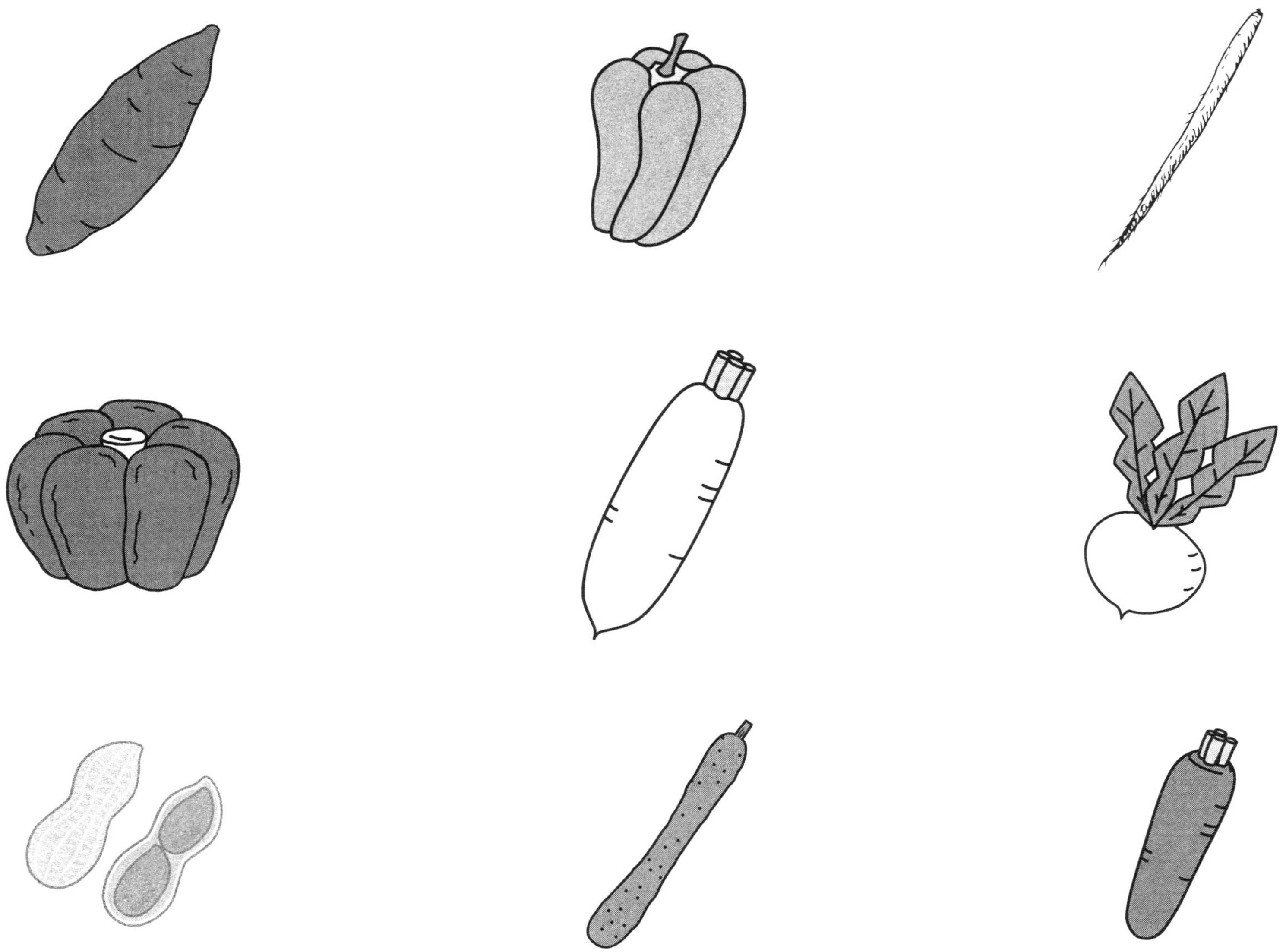

問題 2

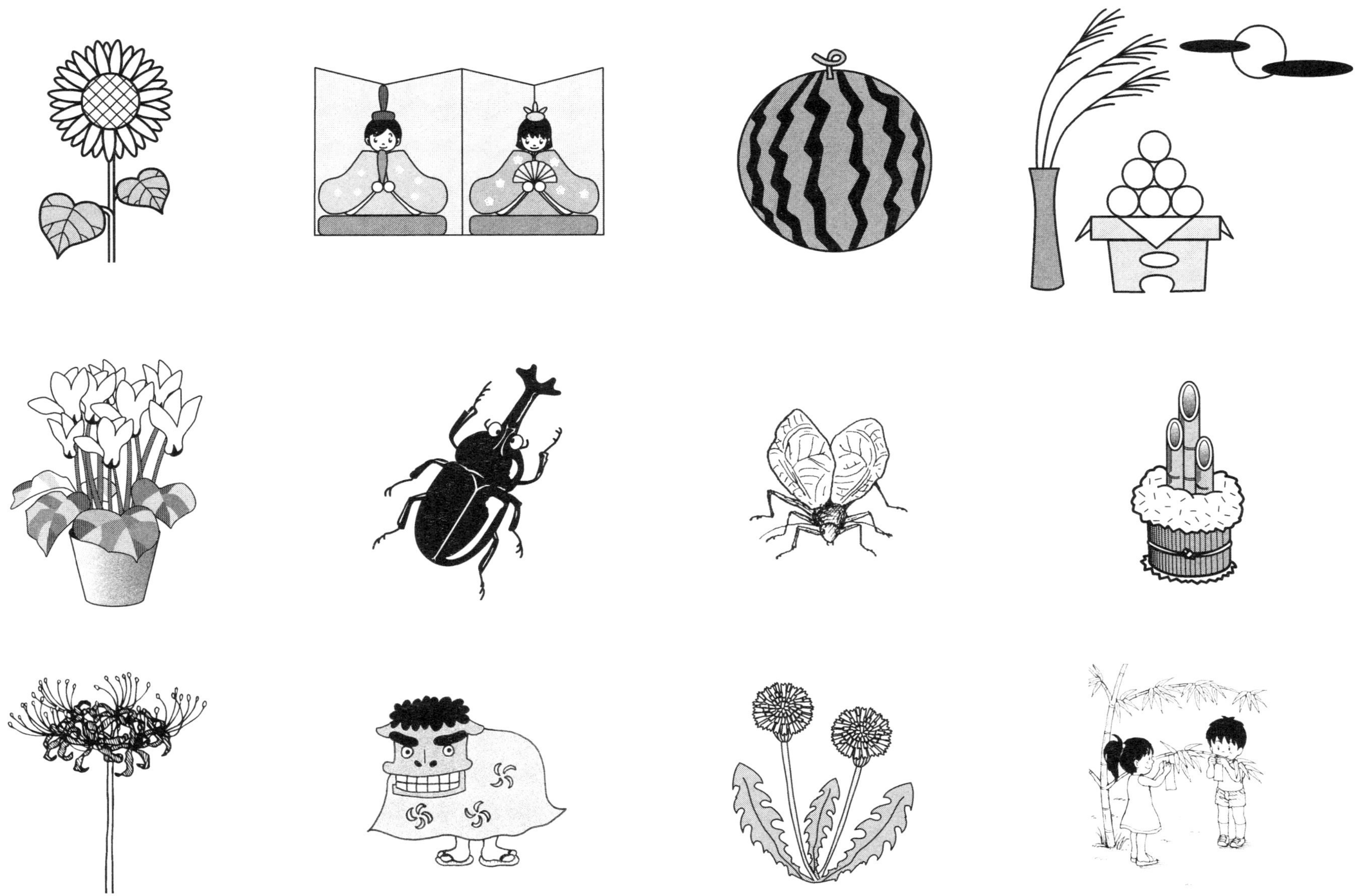

問題3

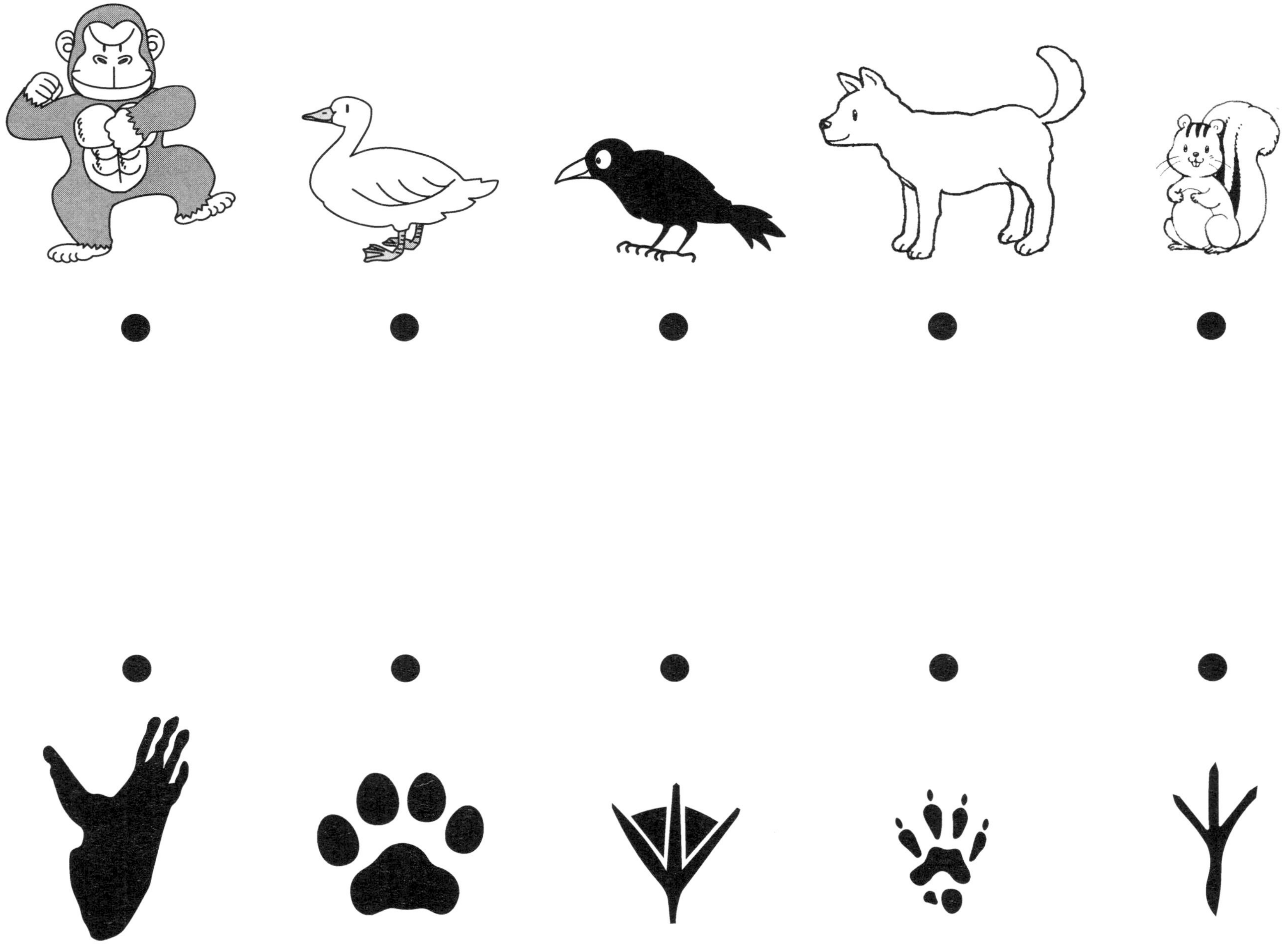

☆関西学院初等部

2022 年度 関西学院・雲雀丘学園 過去　無断複製／転載を禁ずる　日本学習図書株式会社

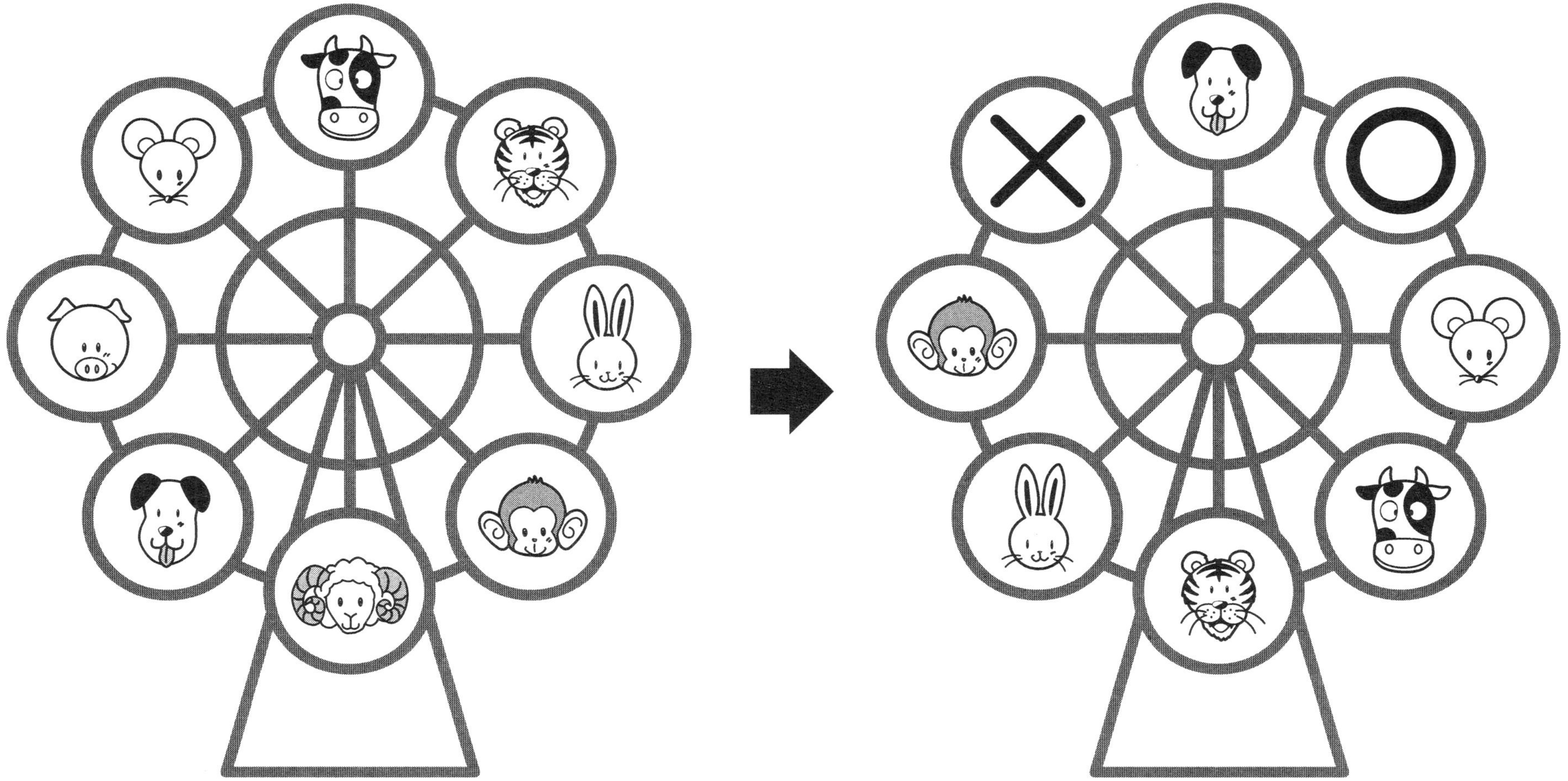

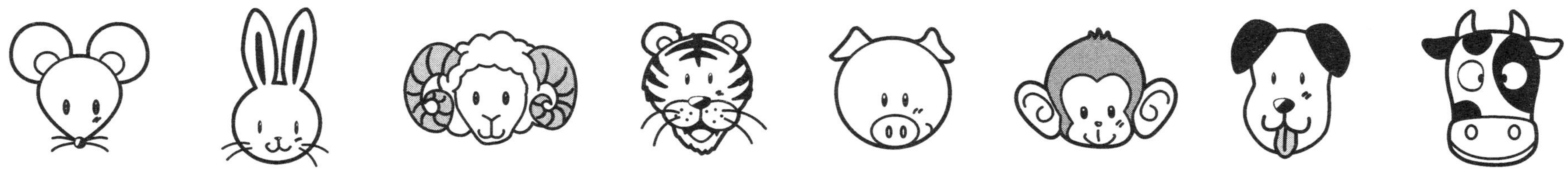

問題 5

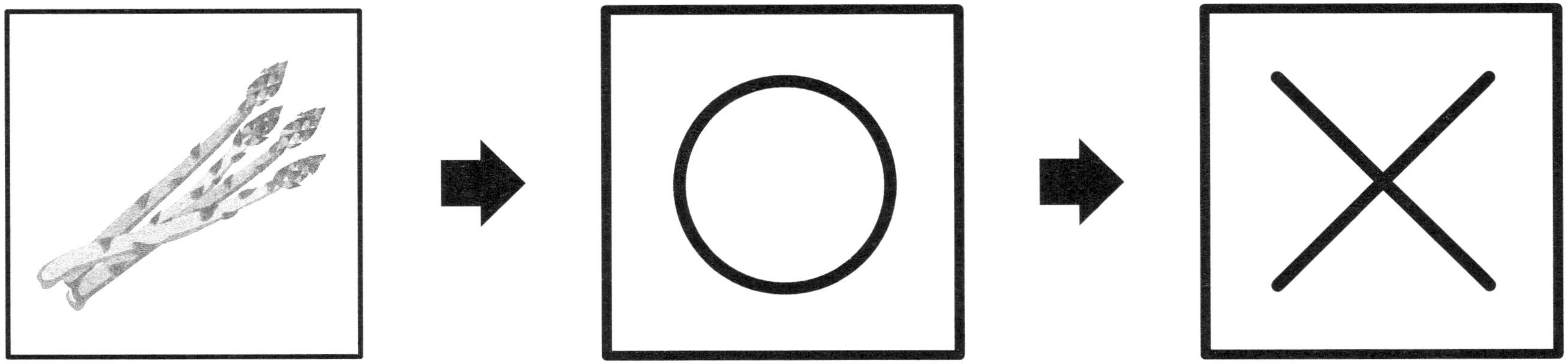

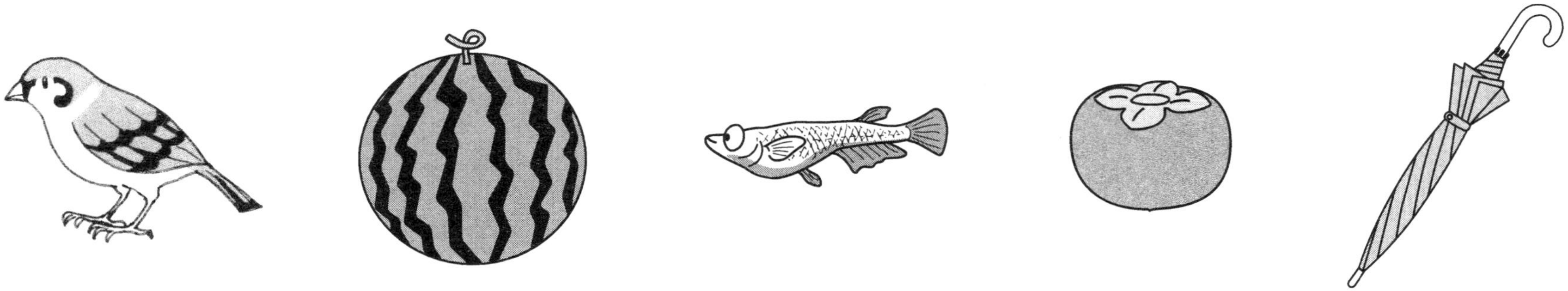

☆関西学院初等部

問題6

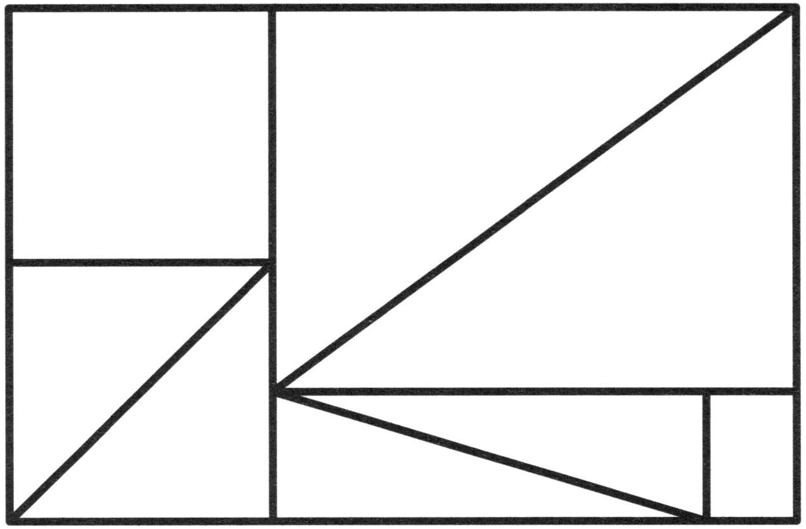

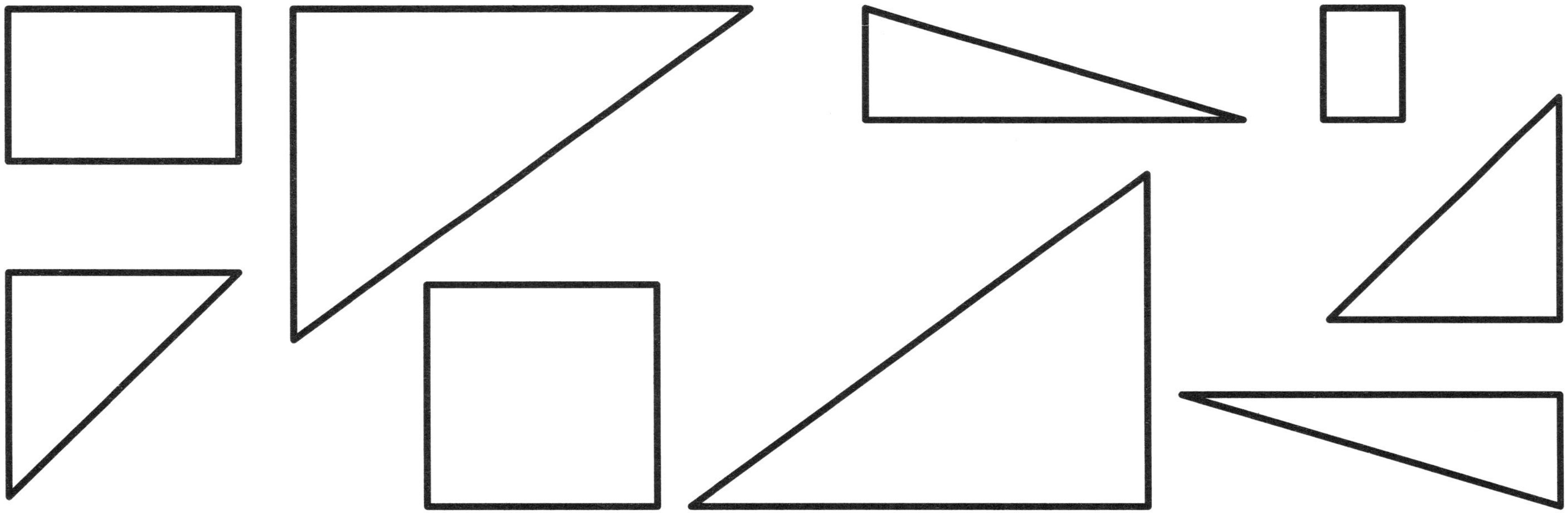

問題 7

☆関西学院初等部

☆関西学院初等部

問題 8

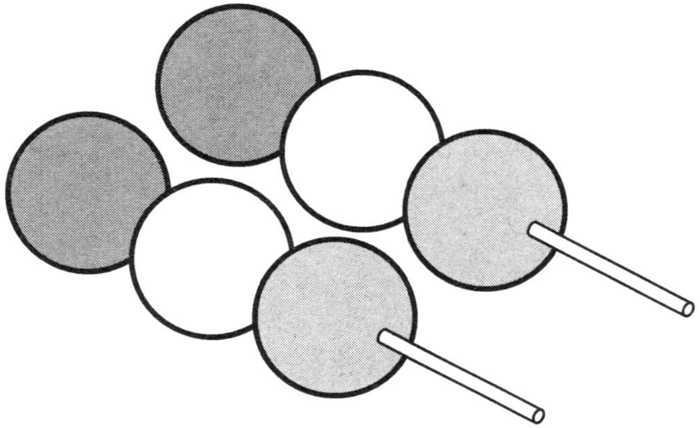

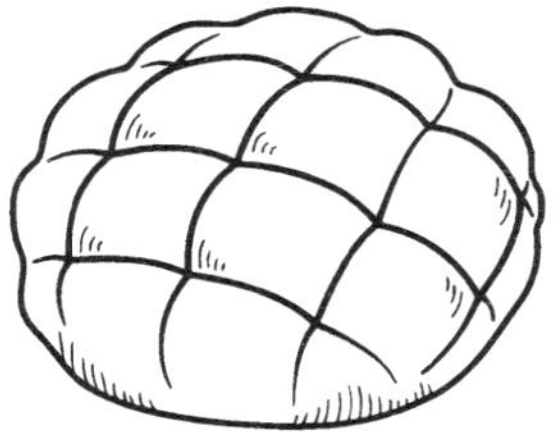

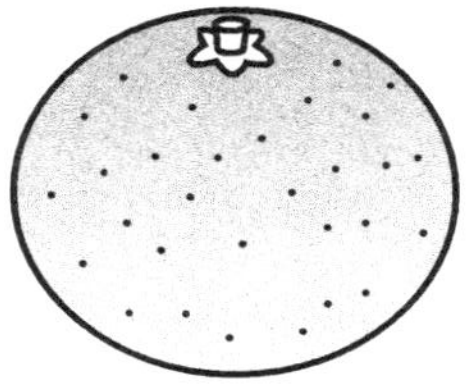

2021年度入試
解答例・学習アドバイス

解答例では、制作・巧緻性・行動観察・運動といった分野の問題の答えは省略されています。こうした問題では、各問のアドバイスを参照し、保護者の方がお子さまの答えを判断してください。

問題１　分野：常識（理科）

〈解 答〉　下図参照

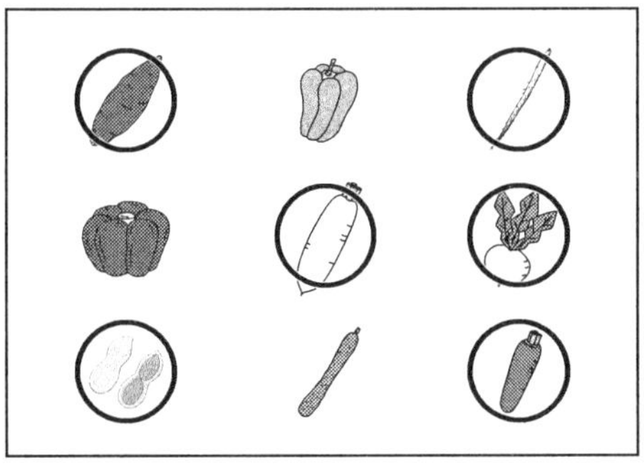

本問では、「土の中にできる」という表現で出題されていますが、「土の中で成長する」「食べる部分が土の中にできる」などの言葉で表されることもあります。問われていることは同じなので、こうしたちょっとした違いで悩まないようにしましょう。近畿圏の小学校受験では、こうした理科常識の問題がよく見受けられます。単に野菜の名前を知っているだけでは不充分で、「生育場所」「断面図」などのもう一歩踏み込んだ知識が求められているのです。育っている様子を実際に見ることで、より深い知識を得ることができます。機会があれば畑などで体験してみてください。

【おすすめ問題集】

　Ｊｒ・ウォッチャー27「理科」、55「理科②」

家庭学習のコツ②　「家庭学習ガイド」はママの味方！

問題演習を始める前に、試験の概要をまとめた「家庭学習ガイド（本書カラーページに掲載）」を読みましょう。「家庭学習ガイド」には、応募者数や試験課目の詳細のほか、学習を進める上で重要な情報が掲載されています。それらの情報で入試の傾向をつかみ、学習の方針を立ててから、対策学習を始めてください。

問題2　分野：常識（季節）

〈解 答〉　下図参照（①の解答を○、②の解答を×で表記しています）

最近ではふつうに生活を送っているだけでは、季節感を味わうことができなくなってきています。なので、「行事」「食べもの」「生きもの」などから季節を感じられるように、保護者の方が積極的に働きかけるようにしてください。常識問題全般に言えることですが、学習として覚えるのではなく、生活の中に季節を取り入れる工夫をして知識を身に付けるようにしましょう。常識問題がよく出題されるということは、生活を重視していることの表れでもあります。お子さまがどれだけ経験を積んできているのかを学校は観ているのです。そうした点を意識して取り組んでいくようにしてください。

【おすすめ問題集】

Ｊｒ・ウォッチャー12「日常生活」、34「季節」

問題3　分野：常識（理科）

〈解 答〉　下図参照

常識問題ですが、あまり生活に関わる知識ではないので、積極的に知識を得ようとしなければ解くことのできない問題と言えるでしょう。実際に見るということもなかなかできないので、こうした問題は「図鑑」「インターネット」などを活用して学ぶことが効率的な方法になります。小学校受験は生活の延長線上にあると言われますが、生活の中で得られる経験や知識だけでは充分でないものもあります。そうした部分を補っていくことが「対策」なのです。過去問などで出題の傾向を知り、生活の中では身に付かないことがあれば、学習として知識を得ていくしかありません。何をどう学ばせるかを考えるのは保護者の役割です。保護者の方もしっかりと学んでいきましょう。

【おすすめ問題集】

Ｊｒ・ウォッチャー27「理科」、55「理科②」

問題4　分野：推理（観覧車）

〈解答〉　○：右から４番目（ブタ）　×：左から３番目（ヒツジ）

観覧車は系列の一種なのですが、本問は一般的な系列の問題よりも解きやすいと言えるかもしれません。正解することだけを考えれば、左の観覧車を見て、サルとイヌの間にいる動物とイヌとネズミの間にいる動物に印をつければよいだけです。ただ、観覧車の問題にはそうした考え方では解けないものもあります。「ウシがサルのところまで動いた時、もともとウシがいた場所にはどの動物が来るでしょうか」という問題では、回転するという意味といくつ動いたのかということを理解しなくてはなりません。可能であれば、観覧車のおもちゃなどを利用するなどして、「回転」を実感させながら学んでいくようにしてください。

【おすすめ問題集】
Ｊｒ・ウォッチャー６「系列」、50「観覧車」

問題5　分野：言語（しりとり）

〈解答〉　○：左から２番目（スイカ）　×：右から２番目（カキ）

問題自体は簡単なので、「最後まで問題を聞くこと」ができているかどうか問われていると言えるでしょう。もし、「スズメ」「メダカ」に印をつけてしまったら、言語の問題としてのマイナス評価よりも、話を聞いていないというマイナス評価の方が大きいかもしれません。スズメやメダカも食べられるという方もいるかもしれませんが、問題は「食べられるもの」ではなく「食べもの」となっているので、より一般的な解答をするべきでしょう。引っ掛けというほどではありませんが、お子さまはパッと目についた選択肢を選んでしまいがちです。問題を最後までよく聞くということを徹底しておいてください。

【おすすめ問題集】
Ｊｒ・ウォッチャー17「言葉の音遊び」、18「いろいろな言葉」、
49「しりとり」、60「言葉の音（おん）」

家庭学習のコツ③　効果的な学習方法～問題集を通読する

過去問題集を始めるにあたり、いきなり問題に取り組んではいませんか？　それでは本書を有効活用しているとは言えません。まず、保護者の方が、すべてを一通り読み、当校の傾向、ポイント、問題のアドバイスを頭に入れてください。そうすることにより、保護者の方の指導力がアップします。また、日常生活のさまざまなことから、保護者の方自身が「作問」することができるようになっていきます。

問題6　分野：図形（図形の構成）

〈解答〉　下図参照

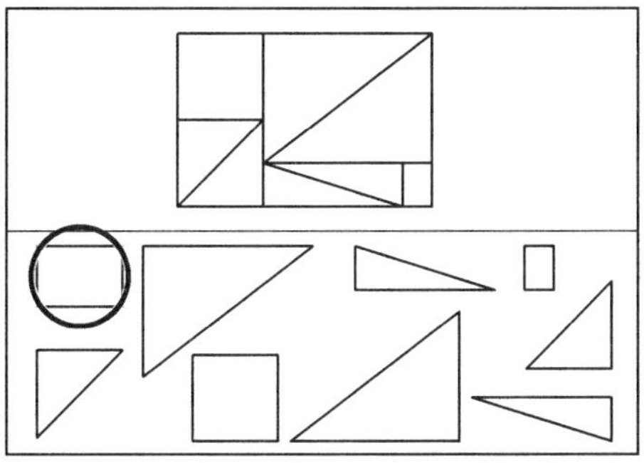

小学校受験でよく使われる言葉で、「図形センス」や「図形感覚」というものがあります。頭の中で図形を動かしたり組み合わせたりできるセンス（感覚）を表す言葉なのですが、本問もそうした力が求められています。本問では、同じ三角形を２つ組み合わせると四角形になるというところに気付けば大半の部分が埋まるので、選択肢を減らすことができます。そうしたことを意識しなくても正解することはできるのですが、解答時間が短い問題などには「図形センス」が必要になる問題もあります。センスと言っても、パズルなどで手を動かしながら考えることで身に付くものなので、「もの」を使った学習にも取り組んでみてください。

【おすすめ問題集】

Ｊｒ・ウォッチャー３「パズル」、45「図形分割」、54「図形の構成」

問題7　分野：常識（マナーとルール）

〈解答〉　下図参照

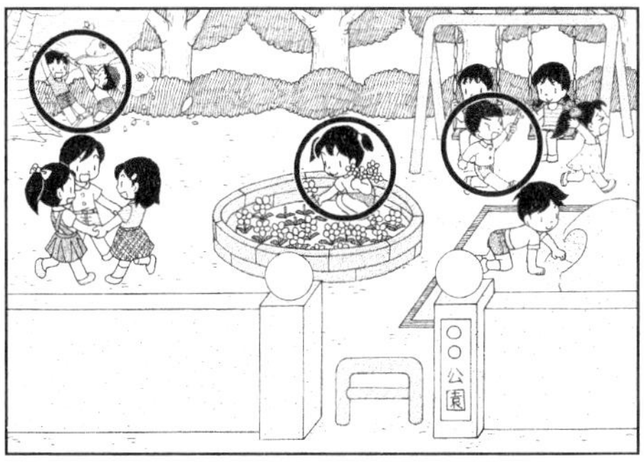

当校ではマナーに関する問題が例年出題されています。2021年度入試は口頭試問形式で行われたこともあって、悪いことをしている人に〇をつけるだけでなく、なぜ悪いのかも問われました。何となく悪いということはわかっていても、あらためて聞かれると答えにつまってしまうかもしれません。口頭試問では、自分の考えを言葉にすることが求められます。本問で言えば、どこに〇をつけたかよりも、なぜ悪いのかの答えの方が重視されることがあります。同じような問題でも、ペーパーテストと口頭試問形式でのテストでは観点が異なることもあるということを理解しておいてください。

【おすすめ問題集】

Ｊｒ・ウォッチャー56「マナーとルール」

問題8　分野：言語（言葉の音）

〈解 答〉　左端（メロンパン）、右端（リンゴ）

解答は２つあります。リンゴはすぐに答えられたかもしれませんが、メロンパンはどうだったでしょうか。例題がだんごだったので、３音（文字）の言葉を意識してしまいがちです。このように、いくつ○をつけるかという指示がない場合には、正解を見つけたとしても、ほかにはないか探す意識を常に持っていてください。また、言葉を音の集まりとして認識できることが、小学校受験の言語問題の第一歩です。そうしたことが理解できていないようであれば、「だ・ん・ご」のように１音１音区切って話してあげてください。音が集まって言葉になり、意味を持つようになるのです。

【おすすめ問題集】
　Ｊｒ・ウォッチャー17「言葉の音遊び」、18「いろいろな言葉」、
　60「言葉の音（おん）」

問題9　分野：保護者・志願者面接

〈解 答〉　省略

保護者には学校の理解と親子関係に関する質問が中心になります。志願者には幼稚園や誕生日の様子などが質問されたりするので、面接官に伝わるように話をする必要があります。ただ、志願者に関してはどう答えるかよりも面接官とコミュニケーションがとれているかが、より重要になります。回答の内容に神経質になるのではなく、ふつうに会話ができていれば問題ないでしょう。親子面接は親子の関係性が観られます。家族間での理解を深め、ふだんからコミュニケーションをしっかりとっていれば、面接でもそうした関係性や雰囲気は伝わります。あまり背伸びをせず、リラックスして面接に臨むようにしましょう。

【おすすめ問題集】
　新 小学校受験の入試面接Ｑ＆Ａ、家庭でできる面接テスト問題集、
　保護者のための面接最強マニュアル

問題10　分野：お話の記憶

〈準備〉　クーピーペン（青）

〈問題〉　**この問題の絵は縦に使用してください。**
お話をよく聞いて、後の質問に答えてください。

森に、春がきました。さわさわと、風がふきわたっています。とても気持ちのいい午後なのに、ホシガラスのカーくんは、元気がありません。木漏れ日がこんなにうつくしいのに、カーくんの目には、なにもうつっていません。下草のかぐわしいにおいも、カーくんにはとどいていないようです。そこにシロフクロウのホー先生が、やってきました。「どうしたんだい、カーくん。元気ないね。よかったら、話してごらん」「先生、ぼく、なんだかこのごろ、ぼくはぼくでいることがつまらないの」「ほーう、それは、また、どうして？」「ぼく、だんだん気がついちゃったの。みんながどんなにすごいのか、ぼくがだめなのか」「ほうほう、たとえばどんなことだね？」「ほら、あそこを見て」枝ごしに見上げた空の高みでは、アマツバメのツバサくんが、気もちよさそうにとびまわっていました。そのすばやさったら、たいへんなものです。「ぼくも、あんなふうにとべたら、かっこいいのになあ」「それから、ヤイロチョウのミドリさんは、あんなにきれい！」ブナの木の枝にとまっているミドリさんは、色あざやかなすがたです。ヤイロチョウというだけあって、赤・緑・コバルト色・白・茶色と、色とりどりの羽を、からだにまとっています。「ほーう、なるほど」ホー先生は、うなずきます。耳をすますと、こんどは、どこからか「ピョーポーピョーポー　チューチューチューリルリル」と、すばらしいさえずりが、きこえてきました。「ほら、あれは、クロツグミのウタちゃん。すてきな声でしょう」「ほう、ほう。たいしたもんだ」「ぼくなんか、こんなガーガー声しかでないのに」「それに、それに、ヤマセミのショウタくんだって、とてもじょうずに、川の中から魚や虫をとってくるんだよ」「ほうほう、そうだってなあ」「ぼくなんか、ただ木の実をほじくって、食べてるだけなのに・・・」「友だちを見ていたら、ぼくは、ぼくなのが、つまらなくなってきちゃったの」「ほーう、そういうことだったのか」「ぼくなんか、いてもいなくてもいいみたい。もう、だあれもいないところにきえていってしまいたい・・・」ここのところ考えていたことを、ホー先生にすっかり話してしまったせいか、カーくんは、なんだかほっとして、ねむくなってきました。

カーくんは、ふしぎなところに来ていました。生きているもののけはいのない森でした。いえ、森のあとでした。見まわしても、だれのすがたもありません。「おーい、だれかいませんか」声をかけても、なにもかえってきません。「こんなの森じゃないよ。森からは昼も夜も、いろんな音が聞こえてくるのに。いつも、だれかの声がしているのに」葉も草もかれてしまった森のあとからは、風さえもふいてこないのです。カーくんは、心ぼそくなって、とうとう泣きだしてしまいました。仲間を探してかけまわり、つかれはてたころでした。「カーくん、カーくん、こっちだよ！」森のかたすみがほのかに光り、木の根もとから、なつかしい声がきこえてきました。根っこの真ん中はからっぽになっていて、光も声もその中からなのでした。カーくんは、すいこまれるように、光の中へはいっていきました。目をさますと、群青色の空に、星が光っていました。カーくんのまわりには、ホー先生となかまたちがいます。「カーくんが、あんまり深くねむってるんで、しんぱいになってあつまったんだよ」「目がさめてよかったわ」月あかりに、みんなの顔が浮かびあがります。「それにしても、カーくんの羽のもようのお星さまは、きれいねえ。からだに夜空があるみたい」ウタちゃんが、うっとりいいました。「ほんとだね。お天気がわるくても、カーくんには、いつもたくさんのお星さま」ツバサくんもつけくわえます。「えっ、ぼくのからだってきれいなの？」「それにカーくんは、森の木をそだててるんだって、うちのおかあさんがいってたわ」ミドリさんがいいます。「えーっ、それ、どういうこと？」ショウタくんが話してくれます。

「カーくんは、木の実をわっては、中の種を食べているでしょう。そして、森のあっちこっちに種をはこんで、ためておくよね、その種が、いつのまにか芽を出し、若木になって、森をつくってくれてるというわけ」「えっ、ぼくってそんなことをしていたの？」「ほうほう、そうなんだよ。カーくん、しらなかったのかい」ホー先生が笑います。カーくんは、さっき夢でみた森を思いうかべました。誰もいない、いのちのかけらも感じられなかった森が、どんなにさびしかったか・・・。だけどカーくんは、知らないあいだに、森に新しいいのちをあたえていたというのです。そして、この森にはこんなに友だちがいて、カーくんのからだにはきれいな星空までがあるなんて、はじめて気がついたのでした。「みんなが、いてよかった。ぼくも、いてよかった。ぼくは、ぼくでよかった・・・」

『カーくんと森のなかまたち』
（著：吉沢誠、絵：夢ら丘実果／ワイズ・アウル）より

（問題11の絵を渡す）
①カーくんは最初どんな気持ちでしたか。当てはまるものに○をつけましょう。
②カーくんが夢の中でいた場所に○をつけましょう。
③カーくんの羽の模様に○をつけましょう。
④ホー先生と同じ動物に○をつけましょう。
⑤カーくんは最後どのような気持ちになりましたか。あてはまるものに○をつけてください。
⑥あなたはカーくんのお話を聞いてどう思いましたか。当てはまるものに○をつけましょう。
⑦あなたがカーくんのお友だちだったら、カーくんの元気がないとき、どんなことをしてあげますか。「カーくん以外の人の悪口を言う」だと思うならばイチゴに、「掃除をしてあげる」だと思うならばバナナに、「カーくんを励ます」だと思うならばスイカに○をつけましょう。

〈時 間〉　各12秒

〈解 答〉　①左端　②右から２番目　③左端　④右から２番目
⑤右から２番目　⑥右から２番目　⑦右

［2020年度出題］

学習のポイント

今回のお話の記憶の問題では、『カーくんと森のなかまたち』（著：吉沢誠、絵：夢ら丘実果／ワイズ・アウル）が使用されました。当校では小学校入試としては例の見ない長い文章のお話が扱われています。こういったお話だと集中力が切れて、しっかり記憶することはなかなか難しいことだと思います。記憶しやすいために「いつ」「どこで」「誰が」「何を」「どうしたか」というような要所を意識して聞くようにしましょう。その時に、１つひとつの場面をイメージしながらお話を聞くと、登場してくる人物やその内容が記憶しやすくなります。また、このようにしてイメージすることを繰り返して聞き取っていくと、質問に出てきそうな表現などがわかってきます。今回のお話で言うと、カーくんの羽の模様などがその例でしょう。日頃の学習で、いきなりこれほど長いお話を繰り返すと、お子さまが読み聞かせに苦手意識を持ってしまうかもしれません。最初はこのお話よりも短いもので練習していき、だんだんとこの長さのものへチャレンジしていくといった工夫をしてあげるとよいでしょう。

【おすすめ問題集】
１話５分の読み聞かせお話集①・②、お話の記憶 初級編・中級編・上級編、
Ｊｒ・ウォッチャー19「お話の記憶」

問題11　分野：図形（図形の構成）、推理（オセロ）

〈準　備〉　クーピーペン（青）

〈問　題〉　**この問題の絵は縦に使用してください。**
①上の四角を見てください。上の形を作る場合、どのパーツを組み合わせるとよいでしょうか。線で結びましょう。
②下の四角にはオセロをしている絵が描いてあります。次は黒の番ですが、白色のコマを１番多くひっくり返すにはどこのマスに置けばよいでしょうか。そのマスに「○」を書いてください。

〈時　間〉　各20秒

〈解　答〉　下図参照

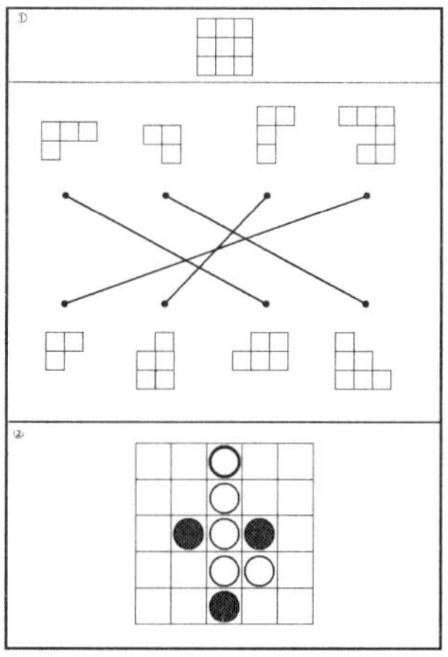

［2020年度出題］

学習のポイント

①は図形の構成の問題です。見本の図形を見ると、縦と横それぞれ３つの正方形が並んでいます。つまり、選択肢の分解されているパーツをどれか組み合わせる時に、３つ以上、もしくは２つだけになってしまうのであれば、その組み合わせは間違っているということがわかります。説明してもお子さまがあまりピンとこないようならば、実物を使って、実際に組み合わせる様子を見せてください。一度でも見るとイメージが湧くので理解しやすくなるでしょう。②は推理の問題です。この問題はオセロを知っている前提で出題されています。ルールの説明がなく、そのまま出題ということが時折あるので、小学校受験で出題されるようなパズルやゲームは一度経験しておきましょう。１つ加えるならば、この問題の解答の指示に注意が必要です。黒の番にも関わらず、「○（まる）」を書くという指示があります。しっかりと指示を聞いて、問題に取りかかるようにしてください。

【おすすめ問題集】
　Ｊｒ・ウォッチャー54「図形の構成」、31「推理思考」

問題12　分野：図形（展開）

〈準備〉　クーピーペン（青）

〈問題〉　左の四角を見てください。黒い部分を切り取って、この紙を広げるとどうなるでしょうか。正しいものに○をつけてください。

〈時間〉　1分

〈解答〉　①右から2番目　②左から2番目　③左から2番目　④右端

［2020年度出題］

学習のポイント

この問題のような図形の問題は当校でよく出題されています。ここで観られているのは、切り取った図形がどのようになっているかをイメージする力です。しかし①を、「半分に折られた紙の折り目にある半円の穴は、広げた時に円になります。つまり、切り取った形は、折り線で左右対称になります」などと説明してもお子さまはイメージしにくいでしょう。したがって、実物を使って、教えてあげてください。実際に折り紙を問題と同じように「切る、折る、広げる」ことを繰り返し行えば、いつの間にか図形問題を解くのに必要な知識や感覚が身に付き、イメージする力が付くようになります。

【おすすめ問題集】

Ｊｒ・ウォッチャー5「回転・展開」、8「対称」、31「推理思考」

問題13　分野：常識（複合）

〈準備〉　クーピーペン（青）

〈問題〉　**この問題13-1は縦に使用してください。**
（問題13-1の絵を渡す）
①上の生きものが卵を産む場所を線でつなぎましょう。
②卵を産む生きものに○をつけましょう。
（問題13-2の絵を渡す）
③タケでできているものに○をつけましょう。

〈時間〉　2分

〈解答〉　下図参照

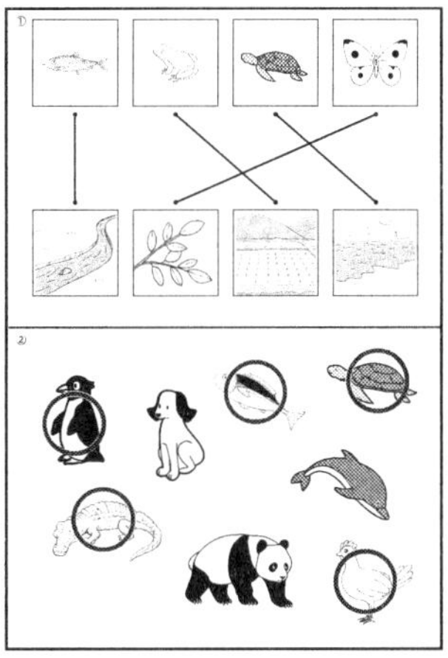

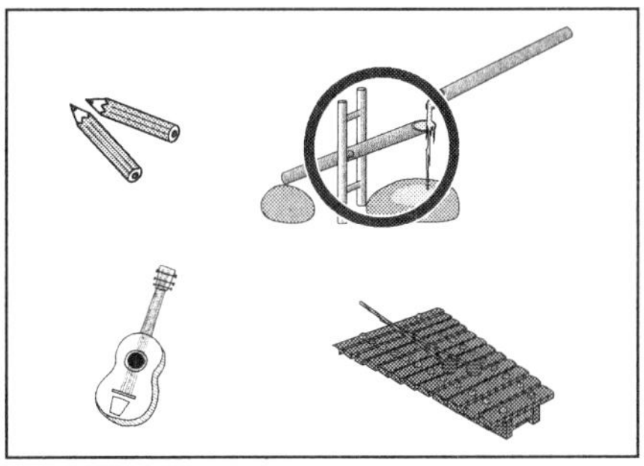

［2020年度出題］

学習のポイント

さまざまな分野の常識問題が出題されました。実際はイラストではなく、写真で出題されています。常識の問題の対策は知識を増やすということ以外ありません。間違えたものはさまざまなメディアを通じて正しい知識に触れておきましょう。①は生きものとその生きものの産卵する場所を線で結ぶ問題です。生きものは左から「サケ、カエル、ウミガメ、チョウチョ」です。見てわかる通り、産卵のために川をさかのぼる魚がいるなどの細かい知識が必要になります。サケ以外の川をさかのぼる魚はマス、アユなどです。②は卵を産む生きものに○をつける問題です。③はタケでできているものに○をつける問題です。珍しいものとして、タケでギターや鉛筆を作っているところもあるそうですが、ここでの解答は一般的な材料がタケであるものを選びます。

【おすすめ問題集】
Ｊｒ・ウォッチャー11「いろいろな仲間」、27「理科」、55「理科②」

問題14　分野：常識（季節・知識）

〈準 備〉　クーピーペン（青）

〈問 題〉　**この問題14－2は縦に使用してください。**
（問題14-1の絵を渡す）
①風で動くものに○をつけましょう。
（問題14-2の絵を渡す）
②春が旬のものに○をつけましょう。
③種のある野菜やくだものに○をつけましょう。

〈時 間〉　2分

〈解 答〉　下図参照

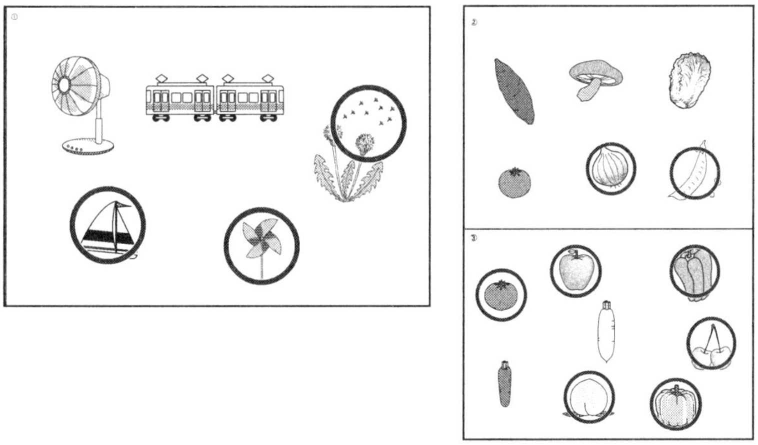

［2020年度出題］

学習のポイント

前問に引き続き、常識を問う問題で、該当するものに○をつけていきます。対策としては前問同様です。①は風を動力にするものに○をつけます。扇風機のように、言葉の中に「風」が入っているのに、動力が電気というものもあるので注意しましょう。②③は野菜の特徴や旬を問われています。お子さまに「旬」と言っても、あまりなじみがないでしょうから、少しでも「旬」を理解させるためにも、旬の野菜などをご家庭で積極的に料理の食材として使いましょう。また料理をする過程で、野菜を切る場面があれば、お子さまといっしょに確認してください。種があるもの、ないものを実際に見られます。料理が出来上がれば、「今日の料理の○○は旬だからおいしいよ」とでも言ってあげてください。お子さまが「旬」を意識するようになります。

【おすすめ問題集】
Ｊｒ・ウォッチャー11「いろいろな仲間」、27「理科」、34「季節」、55「理科②」

問題15　分野：数量（一対多の対応）

〈準備〉　クーピーペン（青）

〈問題〉　左の円の中を見てください。この組み合わせでフルーツセットを作る時、余るくだものがあります。下の四角の中にあるそのくだものに○をつけてください。

〈時間〉　１分

〈解答〉　リンゴ

［2020年度出題］

学習のポイント

数量分野で出題の多い「一対多の対応」の問題です。絵を見ると、１つのお皿に、２つのサクランボ、２つのイチゴ、１つのリンゴがあります。１つのお皿の中のくだものが合計で５つと多いので、くだものをまとめて数えると数え間違いなどのケアレスミスが起きやすいです。それを防ぐためには、それぞれのくだものを１つひとつ数えるようにしましょう。例えば、サクランボ２つを１つにまとめて○をつけるというようにします。この動作を繰り返しほかのくだものでも行ってください。すると、２つのサクランボ、２つのイチゴのセットが５つ、リンゴは６つなので、５セット作ることができ、１つ余ることがわかります。その結果、正解がリンゴだとわかります。ただし、印をつけるというのはあくまで、ハウツーとして行う補助的なものです。最終的には、10くらいまでのものであれば、ひと目でわかる程度の「数に対する感覚」を身に付けるようにして入試に臨んでください。

【おすすめ問題集】

Ｊｒ・ウォッチャー14「数える」、37「選んで数える」、42「一対多の対応」

問題16　分野：常識（季節）、言語（しりとり）

〈準備〉　クーピーペン（青）

〈問題〉　**この問題の絵は縦に使用してください。**

①「こいのぼり」から始めて季節の順番通りに線を引きましょう。
②「クマ」から始まって、「クマ」に戻ってくるようにしりとりをして、線を引きましょう。しりとりに使わないものは×をつけましょう。

〈時間〉　1分

〈解答〉　下図参照

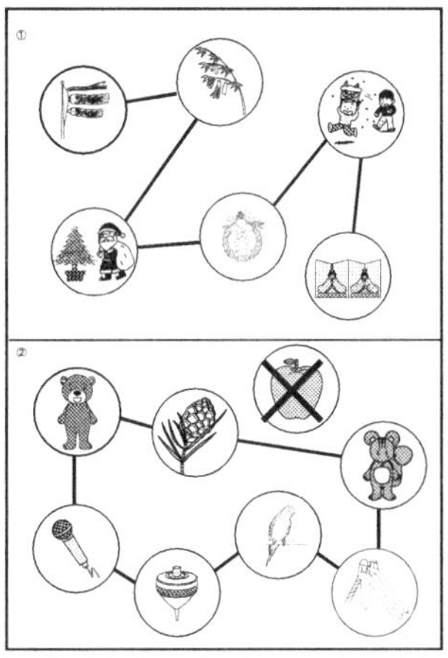

［2020年度出題］

学習のポイント

①は季節についての常識分野の問題です。当校入試の頻出分野ですから、対策学習は行っておきましょう。ここでは季節の行事順に線を引くという形で出題されています。内容は基礎的なものですが、出題の順番が「こいのぼり」から始まって「ひなまつり」で終わることに戸惑うお子さまもいるかもしれません。年末の行事だからといってクリスマスが最後と決まっている訳ではないのです。②は言語分野の問題です。言語分野の間違えるケースは2つあります。1つはそのものを知らなかった場合です。この場合は常識分野同様にさまざまなメディアを通し、知識を増やしてあげてください。もう1つは、ものの名前の覚え方がご家庭独特なものか、赤ちゃん言葉であることです。せっかく「もの」として理解しているのに、「ことば」として間違ってしまうのはもったいないことです。お子さまに覚え直させることもひと手間になってしまうので、今からは、お子さまの知らないものがあれば、しっかりと正しい名前で教えるようにしましょう。

【おすすめ問題集】

Ｊｒ・ウォッチャー18「いろいろな言葉」、34「季節」、49「しりとり」

問題17　分野：常識（マナーとルール）

〈準　備〉　クーピーペン（青）

〈問　題〉　絵の中でいけないことをしている人に○をつけましょう。

〈時　間〉　１分

〈解答例〉　下図参照

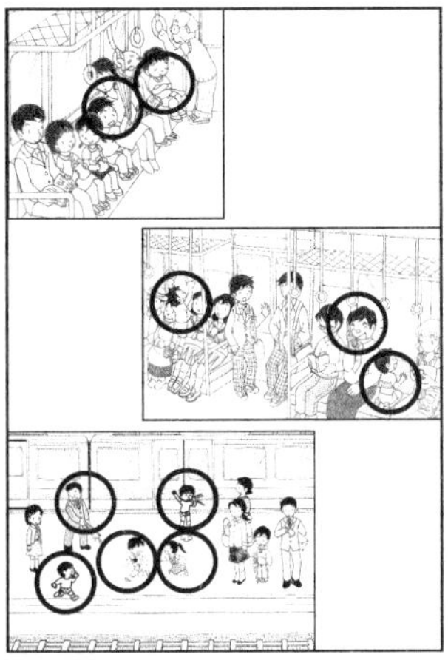

［2020年度出題］

学習のポイント

「車内で携帯電話を使用する」「つり革で遊ぶ」「ホームで大声で叫ぶ」などといった、他人に迷惑をかける行為や、「白線の内側に入る」、「ホームで走る」など、危険を招く行為は、公共の場でのマナーに反します。また、公共の場でアメやお菓子をふだんから食べているお子さまは、それがマナー違反だという認識がないかもしれません。常識に関することは、「～してはダメ」とお子さまに言うだけではなかなか身に付きません。何がよくて、何が悪いのか、行為の良し悪しだけを教えるのではなく、どうしてそれが悪いのかもあわせて指導しないとお子さまは納得しないでしょう。「なぜ悪いか」を説明するのはそれほど難しいことではありません。「他人の迷惑になるから」「危険だから」という原則を説明すればよいのです。

【おすすめ問題集】

　Ｊｒ・ウォッチャー56「マナーとルール」

問題18　分野：行動観察

〈準備〉　ボール３つ（アメフトボール、ドッジボール、ビニールボール／野球ボールほどのサイズ）、２リットルのペットボトル２つ（水を半分程度入れる）、500ミリリットルのペットボトル２つ（水をいっぱい入れる）、紙コップ４つ（２つ１組にしてセロハンテープで留める）、風船２つ（膨らませておく）、ビニールテープ（１～２メートルほどの四角を作る。投げる位置の線をその四角から２メートルほど離れたところに作る）

ビニールテープで作った四角の中に、２リットルのペットボトルと500ミリリットルのペットボトル、紙コップでつくったピン、風船それぞれ２つずつを均等に置く。

〈問題〉　**この問題の絵はありません。**

今からピンを倒すゲームをします。

①どのボールを使うか選んでください。

②今、立っている線からボールを投げたり、転げたりして、ピンを倒してください。１番大きいピンを倒せるようにがんばりましょう。風船に当たってしまったら、１番大きいピンを倒しても、倒したことにならないので注意しましょう。２回投げることができます。

〈時間〉　１分

〈解答〉　省略

［2020年度出題］

学習のポイント

さまざまなもので作られたピンを倒すゲームです。どのボールを選ぶのか自由です。なぜそれを選んだのかなど聞かれることはありませんから、指示に従い、スムーズにこなすようにしていきましょう。ここで観られているのは、指示を素直に聞けて、すぐ行動に移すことができるかどうかです。大きいピンを倒せるようにしましょうという指示があるのに関わらず、最初からあきらめて違うピンに当てようとしたり、どのボールにしようかなかなか選べなかったりすることはやめましょう。もちろん、大きいピンを倒せなかったからといって、泣き出すということは絶対にやめましょう。

【おすすめ問題集】

Ｊｒ・ウォッチャー29「行動観察」

問題19　分野：保護者・志願者面接

〈準 備〉　なし

〈問 題〉　**この問題の絵はありません。**

【保護者】
・国立や私立の小学校がたくさんある中で、なぜ本校を選ばれたのか、志望理由をお聞かせください。
・学校体験などの公開行事に参加されましたか。ご感想をお聞かせください。
・お子さまはどんな子ですか、具体的なエピソードをお聞かせください。
・お子さまの現時点での課題は何だと思いますか。
・本校の教育プログラムについてどのように思われますか。
・本校に求めるものは何ですか。一言で言ってください。
・子育てでどのようなことに気を付けていますか。
・入学されてお子さまが仲間外れにされていると聞いたらどうしますか。

【志願者】
・受験番号と名前を言ってください。
・昨日は幼稚園に行きましたか。また、どのようなことをしましたか。
・お誕生日はいつですか。去年のお誕生日は何をしてもらいましたか。
・好きな絵本を教えてください。
・おうちの人に、どんな時に褒められますか。
・お父さんとお母さんはどんな時に仲良しだと思いますか。
・朝ごはんは何を食べましたか。

〈時 間〉　適宜

〈解 答〉　省略

［2020年度出題］

学習のポイント

Ａ日程では、試験日の約３週間前～前日までに、保護者と志願者の面接が行われました。まず、待合室（ダイニングルーム）で３～５組が待機し、開始５分前に控室に移動してから入室します。先生より「椅子の後ろに立ってください」という指示があります。そこで保護者は挨拶をします。志願者へは「あなたの名前と幼稚園の名前を教えてください」という質問がされ、それに答えた後に「お座りください」という指示が出され着席します。上記の質疑応答はその後に始まりました。志願者には、質問への回答に対して、「どうしてですか？」など、追加で質問されることがあるので注意しましょう。保護者の方に対して「当校を志願するのはなぜか」と志望動機に関する質問が多くされます。これだけは理由をはっきりと言えるように準備しておきましょう。

【おすすめ問題集】
新 小学校受験の入試面接Ｑ＆Ａ、家庭で行う面接テスト問題集、
保護者のための面接最強マニュアル

問題20　分野：運動

〈準　備〉　ボール、的当ての的、ビニールテープ

〈問　題〉　**この問題には絵はありません。**
※ＤＶＤで運動の説明を受け、教室から体育館に移動して実施。待機時は、壁の絵を見て三角座り。③は、あらかじめ反復タッチをする印をテープで床につけておく。

これから運動をします。
①マットの上をクマ歩きで進む。
②ボールのカゴの前まで来たら、壁の的に向かってボールを投げる。投げる時は白線を越えないようにする。
③真ん中の線をまたぎながら反復タッチをする。

〈時　間〉　15分

〈解　答〉　省略

［2020年度出題］

学習のポイント

Ａ日程の運動の課題は３～４種類続けて行うサーキット形式で行われました。注意したいのは、②のボールを使った課題です。お子さまがボールの扱いに苦手意識を持っている場合は、とにかくボールに触れる機会を増やしてください。ボールの扱いに慣れてきたら、距離に合わせて投げる力を調整するなどの１つ上の段階に進みましょう。時間をかければこの課題程度のボール投げはできるはずです。とは言っても、運動の出来はあまり関係ありません。運動の課題は行動観察の１つですから、指示の理解と取り組む態度を観られていると思ってください。真剣に取り組むのは当然ですが、指示とは違うことをしていると、いくら一生懸命でもよい評価は得られないのです。Ｂ日程で出題された運動は、「自由遊び」でした。

【おすすめ問題集】
新運動テスト問題集、Ｊｒ・ウォッチャー28「運動」

問題21　分野：集団面接

〈準備〉　カード（赤、青、黄が２枚ずつ）

〈問題〉　**この問題の絵はありません。**

（教室）

今からお話が流れますので、よく聞いてください。

（絵本『はじめてのおつかい』を読み聞かせている映像が流れる）

映像を聞き終えたら、４～５人ずつ先生に呼ばれます。

（先ほどとは違う部屋）

誰がどの席に座るか話し合って、席に座ってください。

先ほど見たお話について聞きます。

①みいちゃんはお母さんに何を買うように言われましたか。「ミカン」だと思うならば赤のカード、「牛乳」だと思うならば青のカード、「お肉」だと思うならば黄色のカードを選んでください。

②みいちゃんはお店のおばさんにおつりの10円玉を何枚受け取りましたか。「１枚」だと思うならば赤のカード、「２枚」だと思うならば青のカード、「３枚」だと思うならば黄色のカードを選んでください。

〈時間〉　適宜

〈解答〉　①青（牛乳）　②青（２枚）

［2020年度出題］

学習のポイント

この課題はＢ日程で出題されたものです。まず最初に絵本の映像を観ます。そのあと４～５人ずつ順番に呼ばれ、呼ばれたメンバーで座る席を話し合って決めます。みんなが座った後に、先ほどのお話の内容についての質問が聞かれるという形式で課題が行われました。ここで観られているポイントは、ちゃんとお話を聞けているかどうか、席をしっかり話し合って決めたかどうかです。この行動観察の課題はお話の記憶の複合問題でもあるので、お話の内容をきちんと把握できているかどうかは最低限できるようにしておきたいものです。席をしっかり話し合って決めたかどうかは、その子の協調性を観ています。Ｂ日程ではペーパーテストがなく、面接も保護者だけなので、こういったところでお子さまの様子を観ているといってもよいでしょう。対策としては、公園などで見知らぬ子どもと接する機会を増やすということなどです。繰り返し行っていけば、入試会場のような緊張する場所でも、対策をとっていないほかのお友だちよりはリラックスでき、自分の意見が言いやすい環境が作れます。

【参考絵本】

『はじめてのおつかい』（著：筒井頼子、絵：林明子／福音館書店）より

【おすすめ問題集】

新　口頭試問・個別テスト問題集

☆関西学院初等部

問題10

①

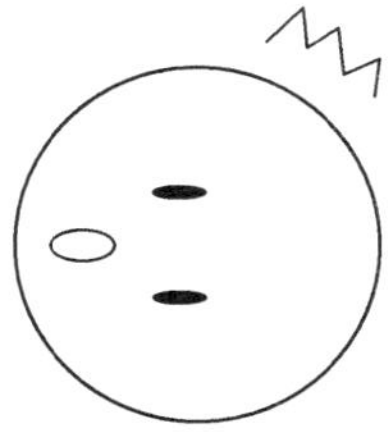

②

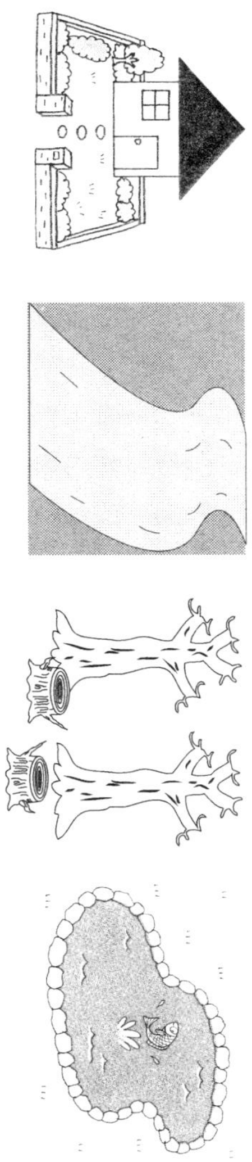

③

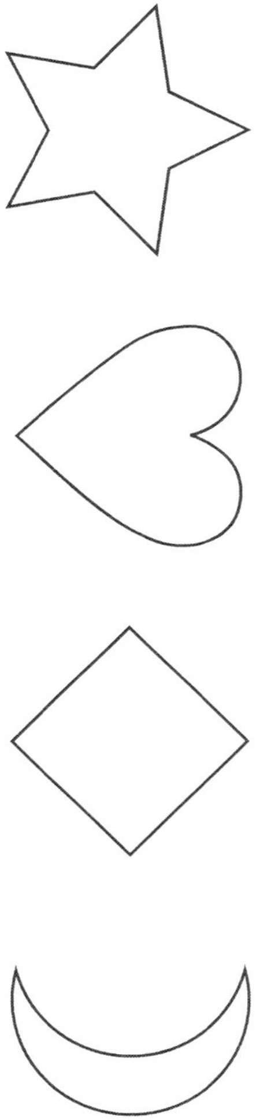

④

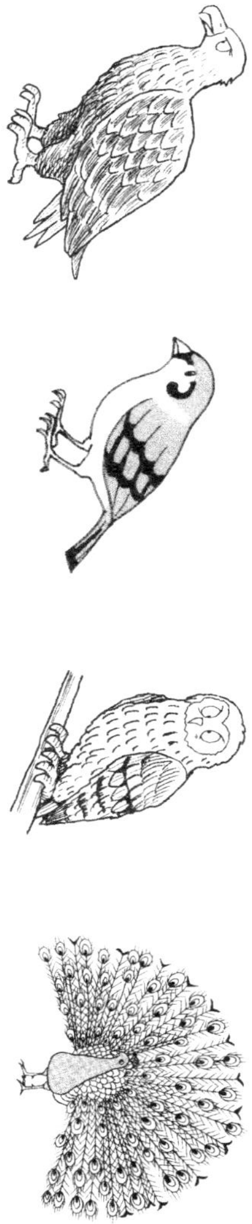

⑤

⑥

⑦

問題１１

①

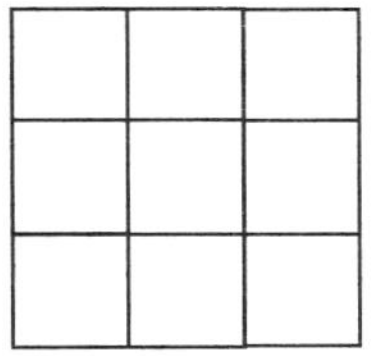

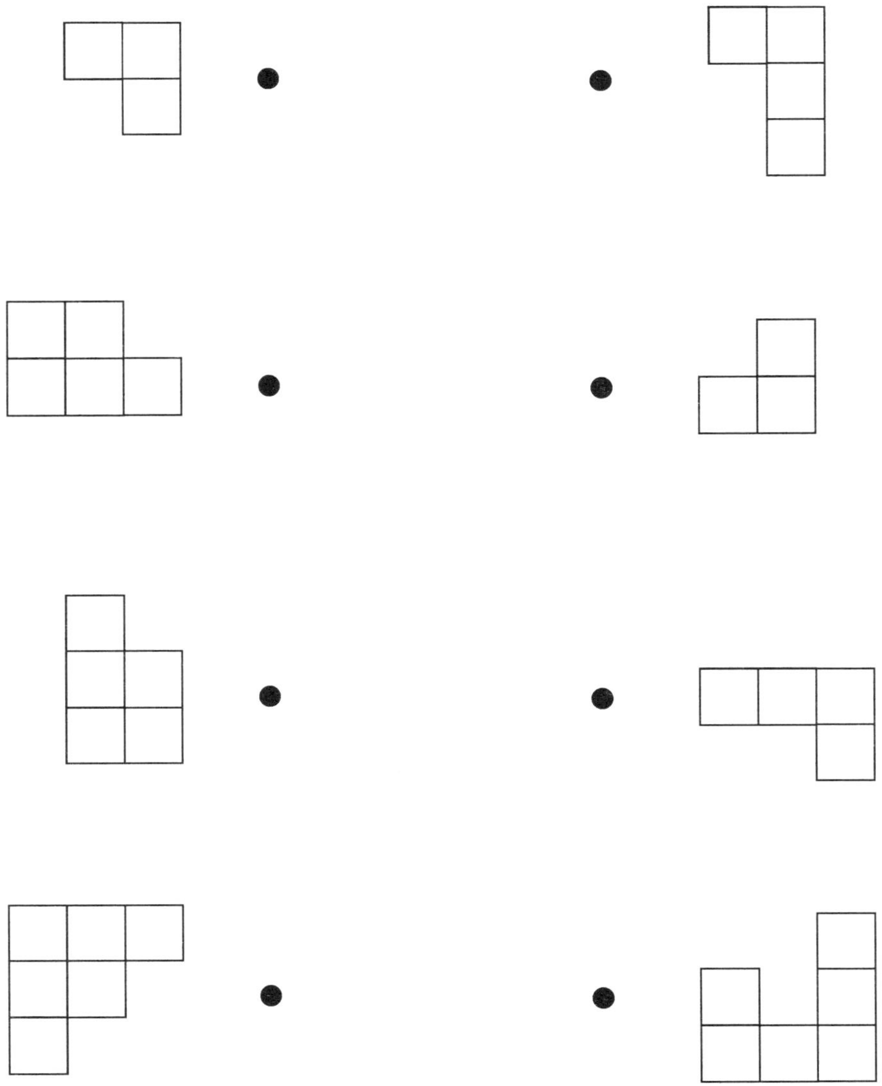

②

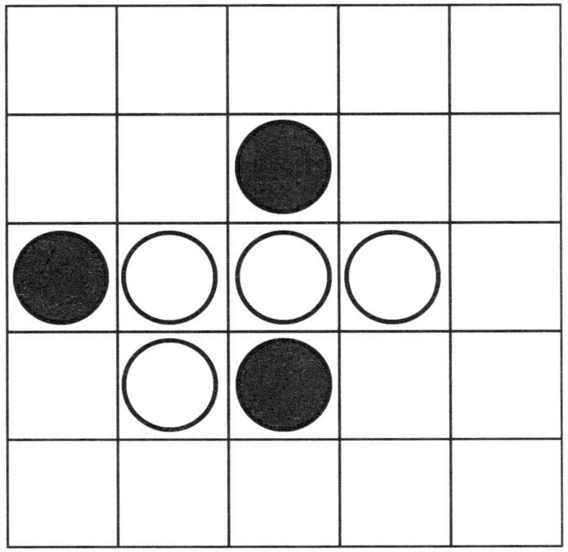

日本学習図書株式会社

☆関西学院初等部

問題１２

①

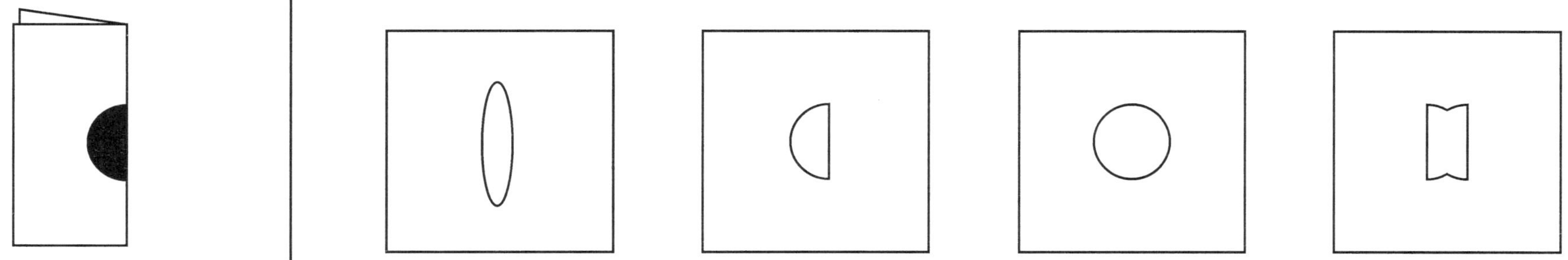

②

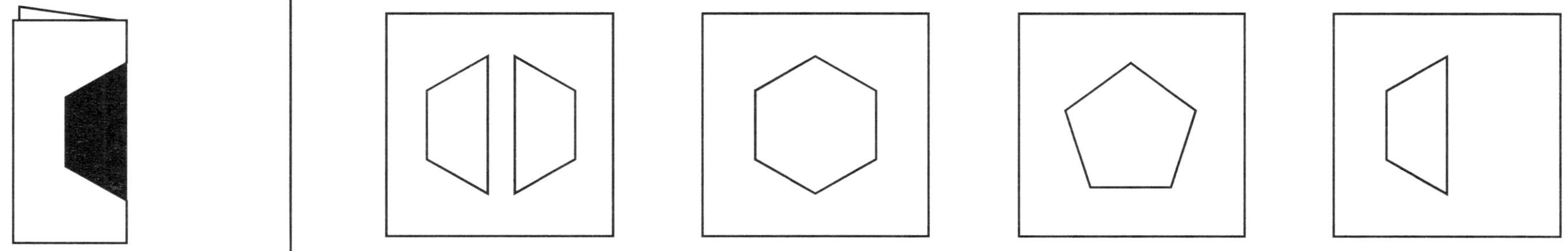

③

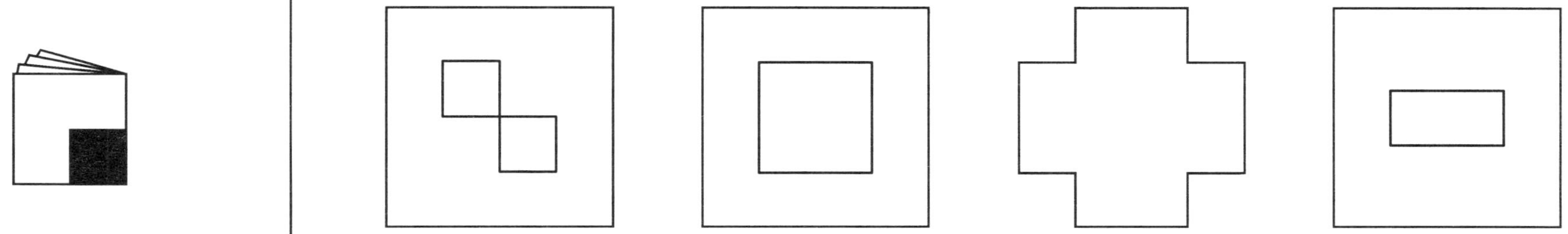

④

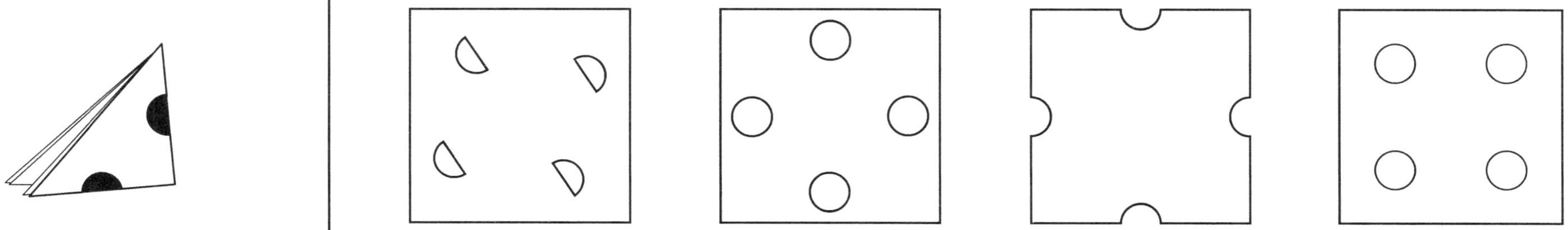

問題１３－１

①

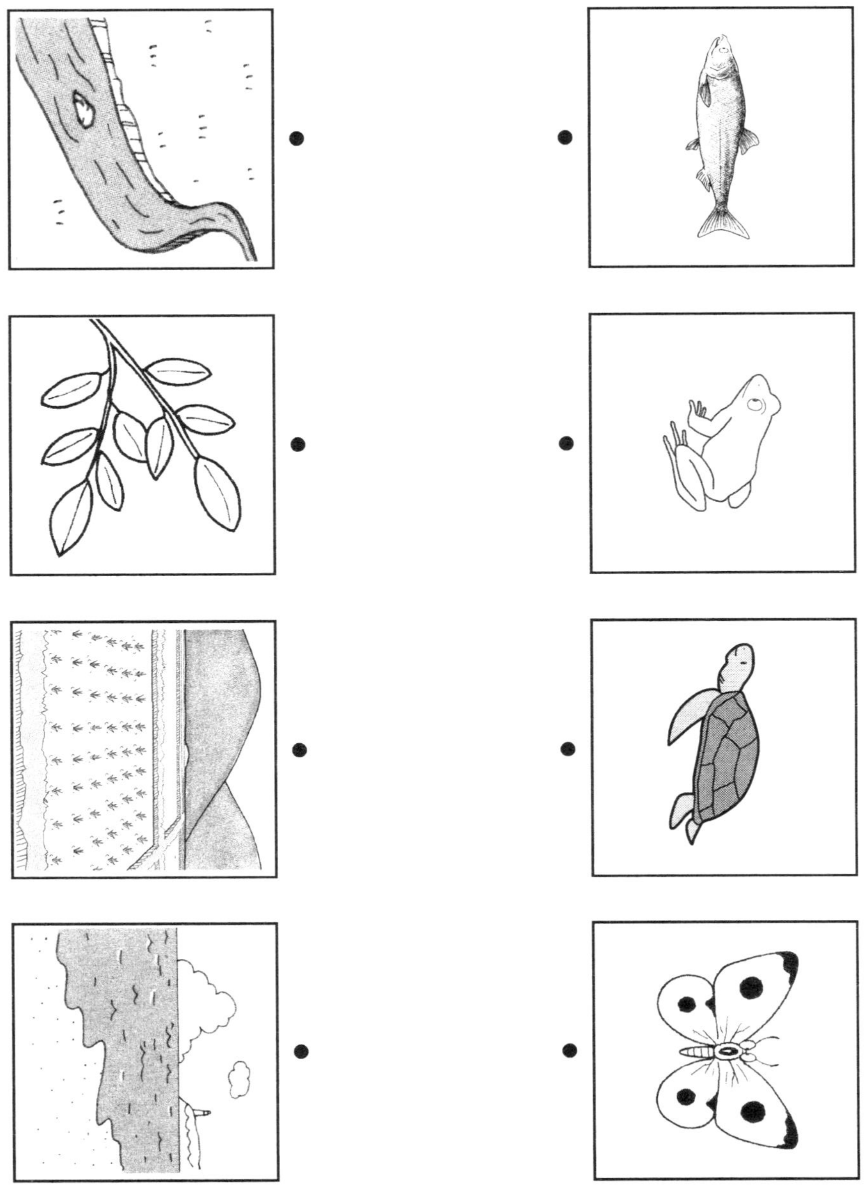

②

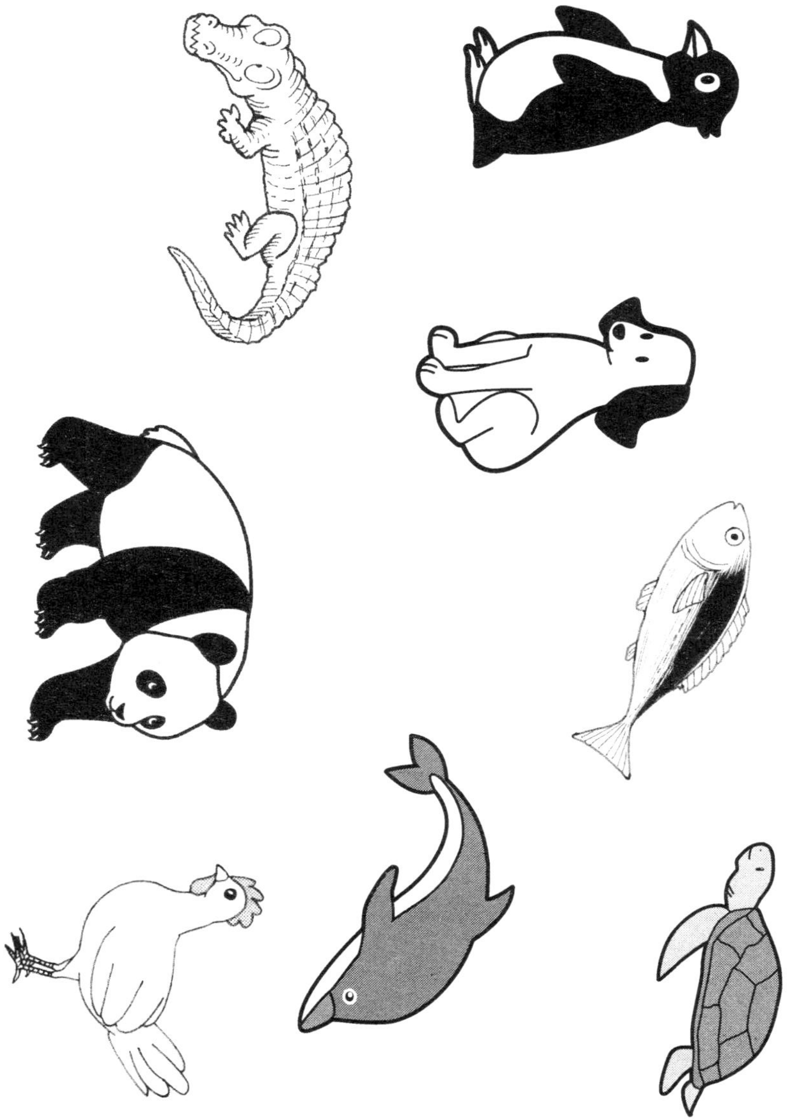

2022年度　関西学院・雲雀丘学園 過去　無断複製／転載を禁ずる　　日本学習図書株式会社

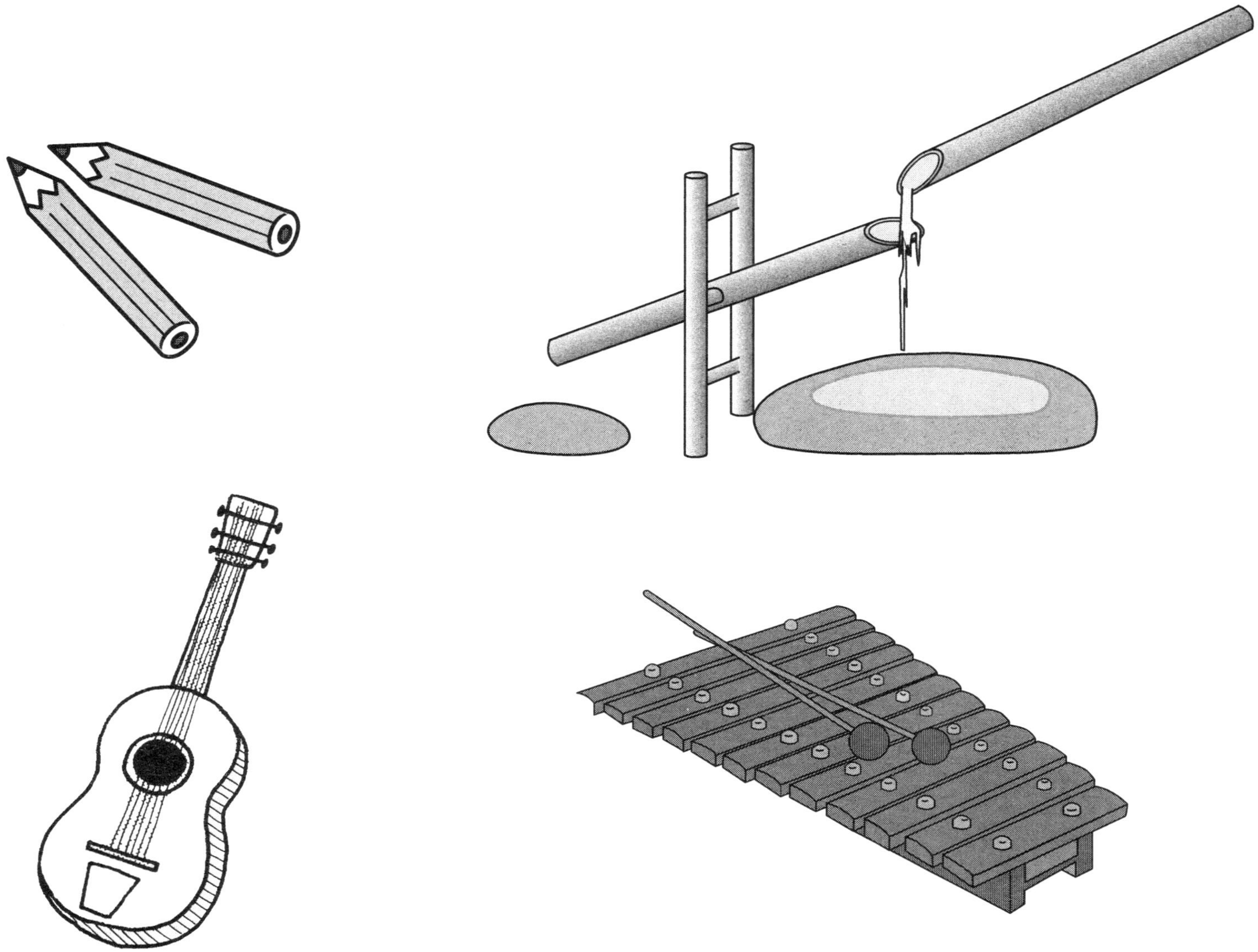

①

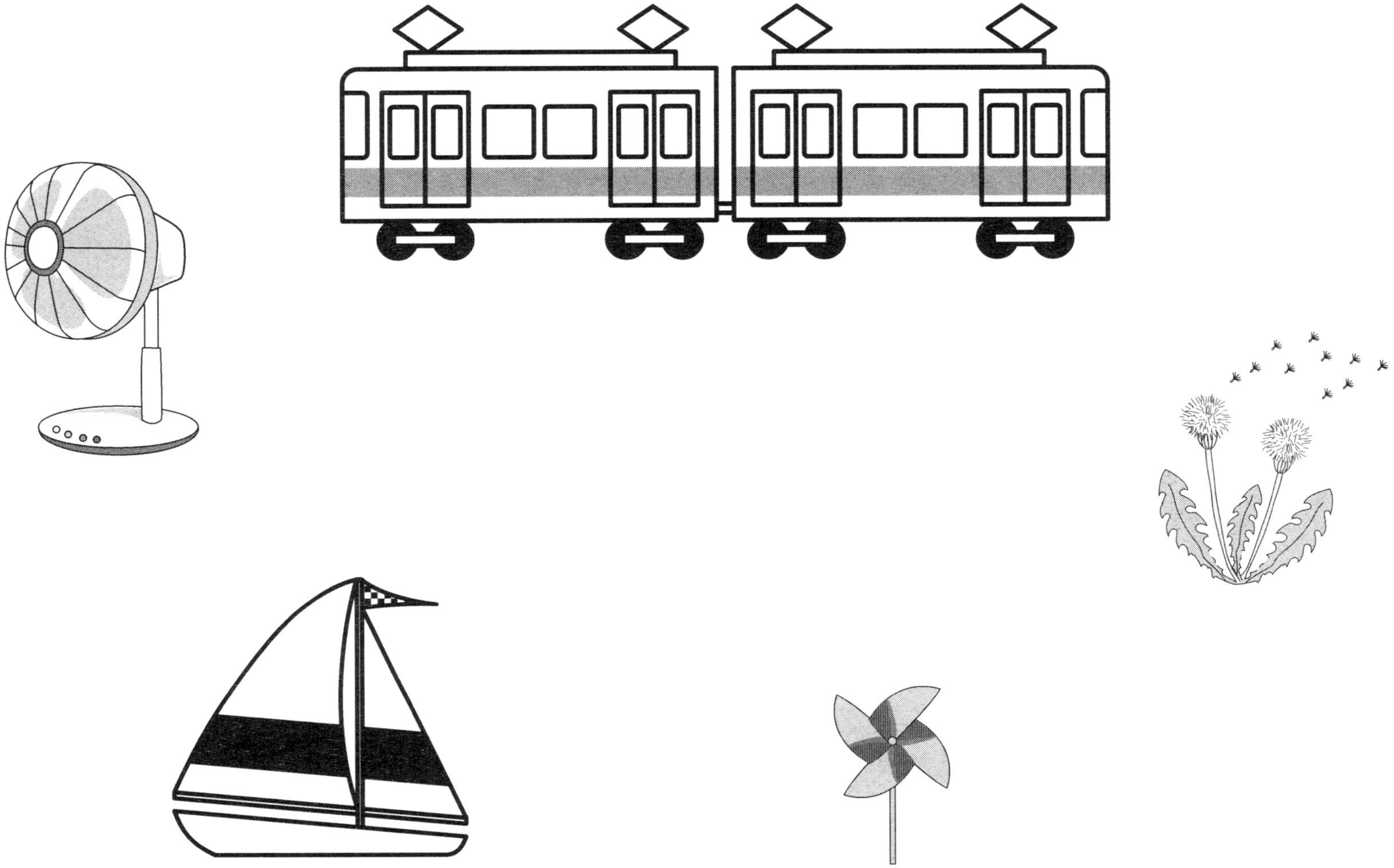

問題１４－２

②

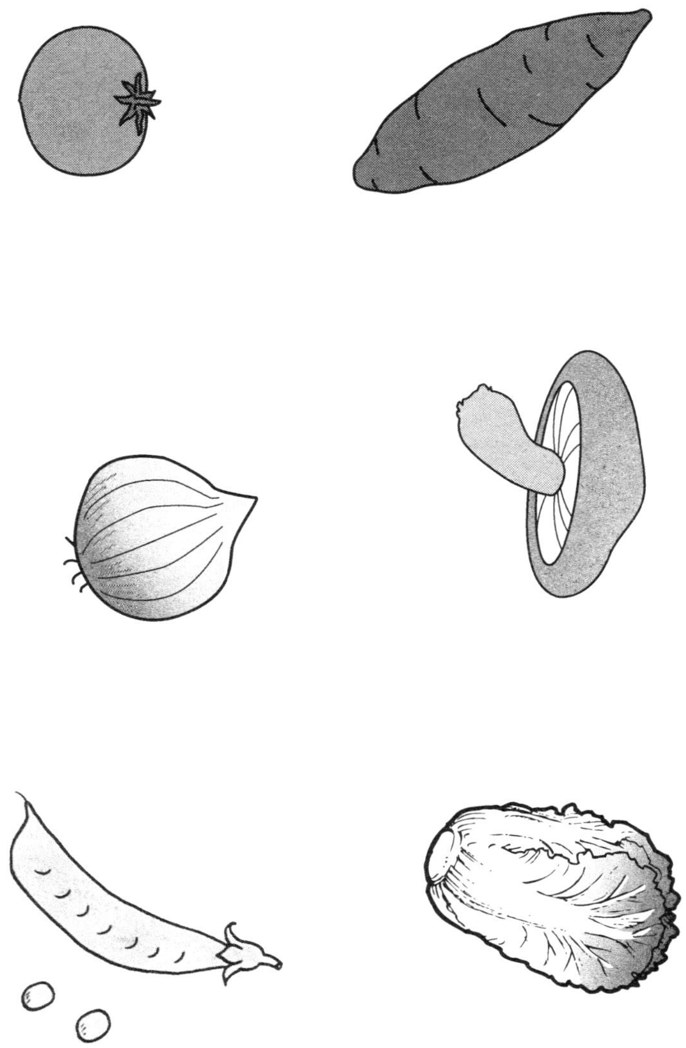

③

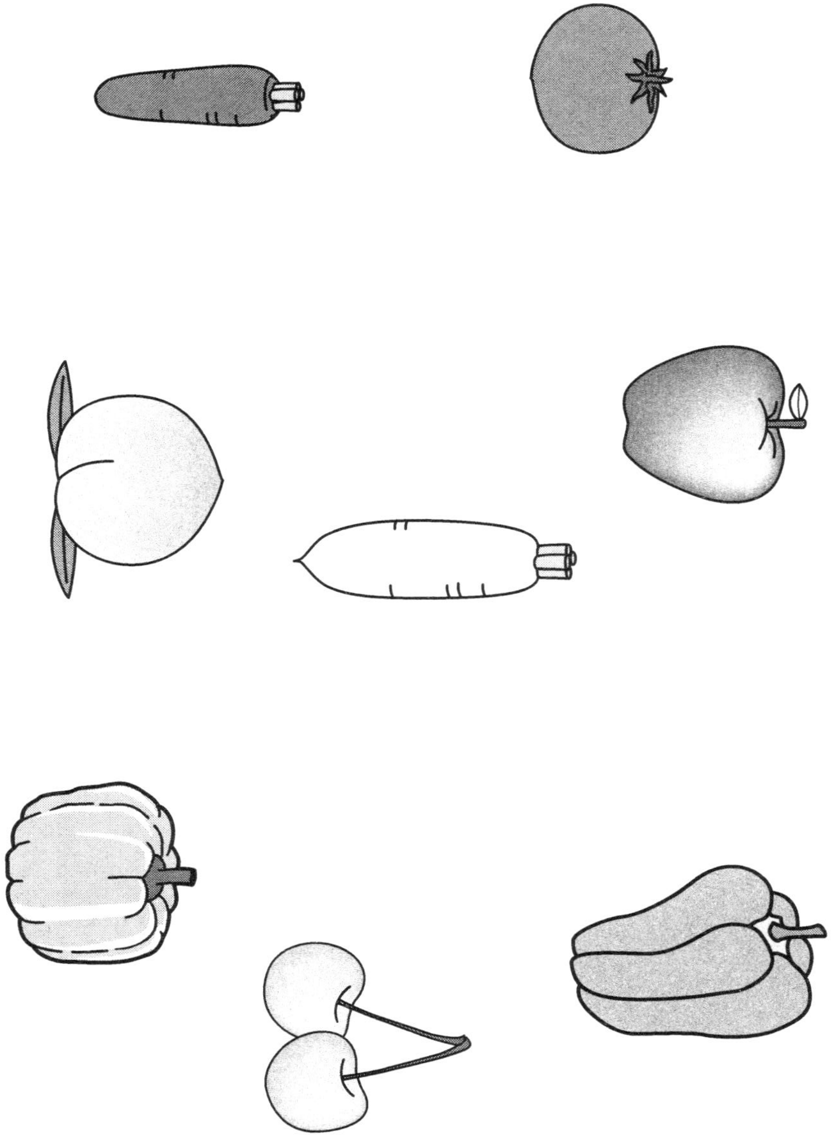

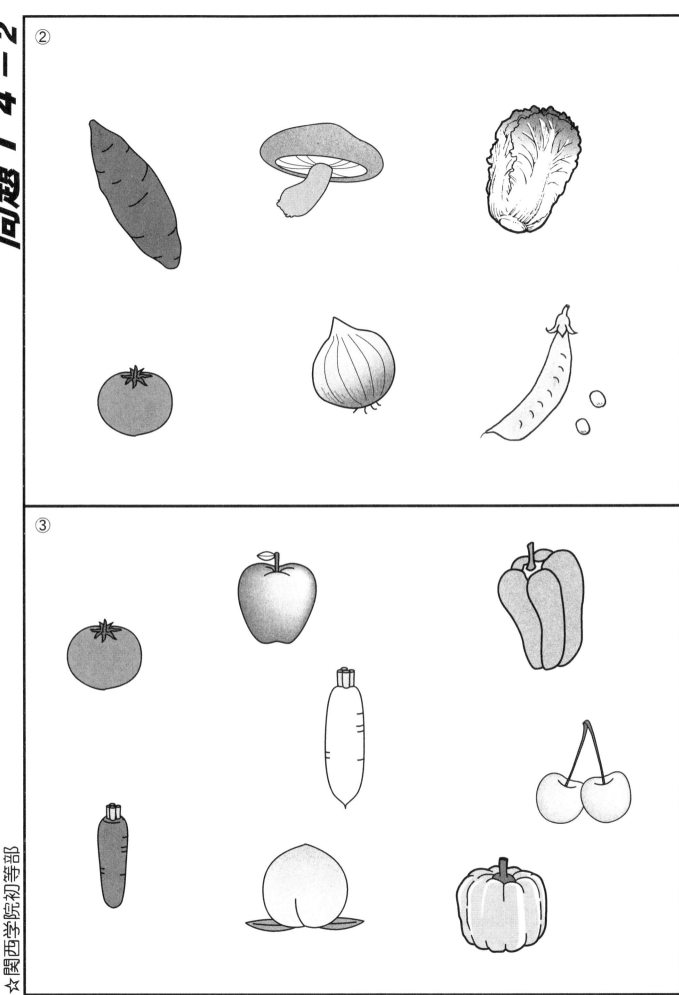

☆関西学院初等部

問題１５

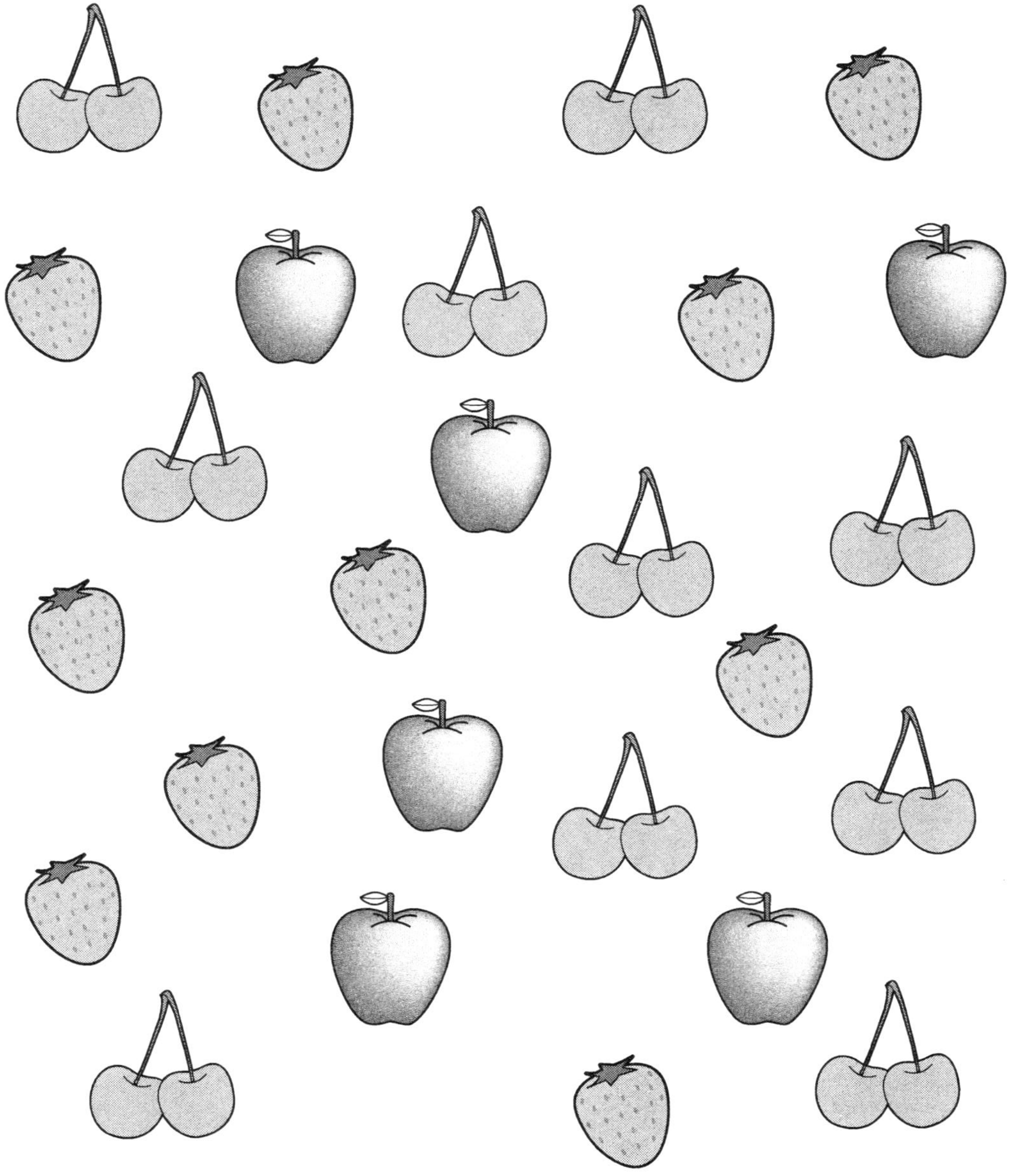

日本学習図書株式会社

①

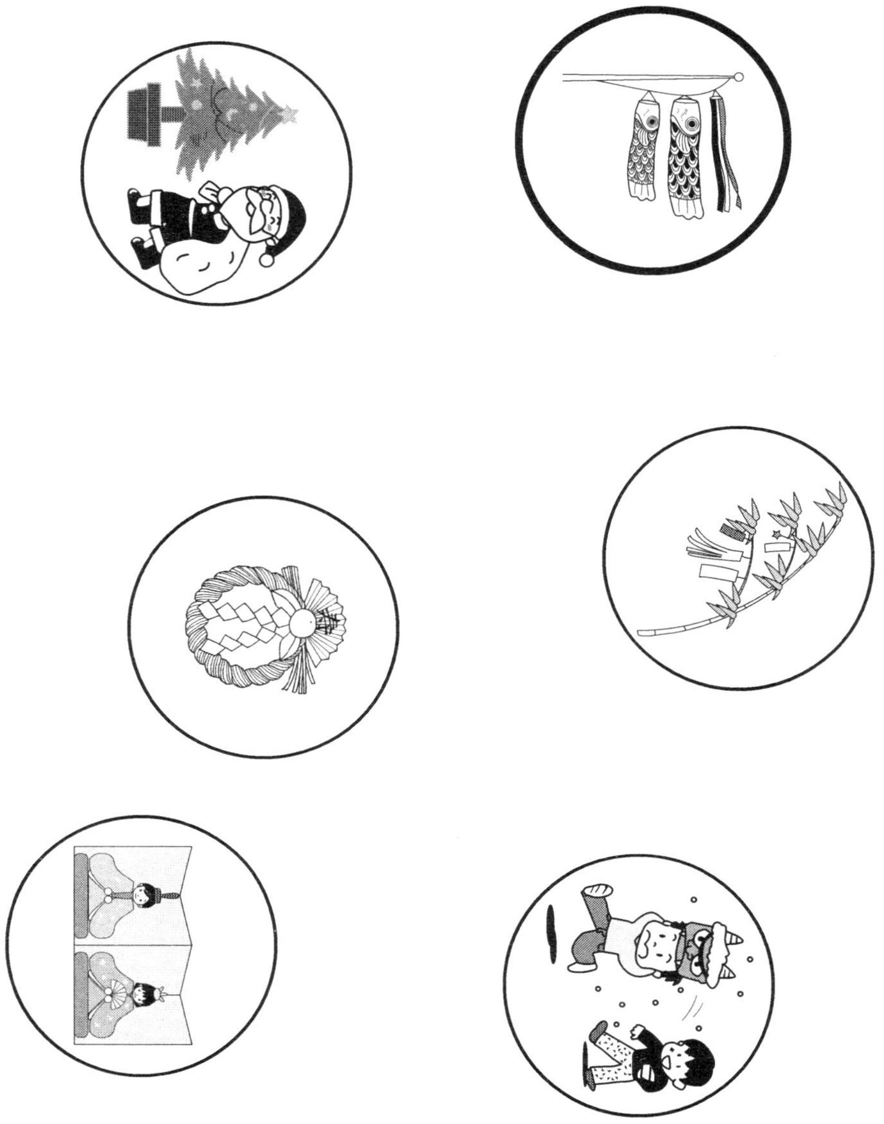

②

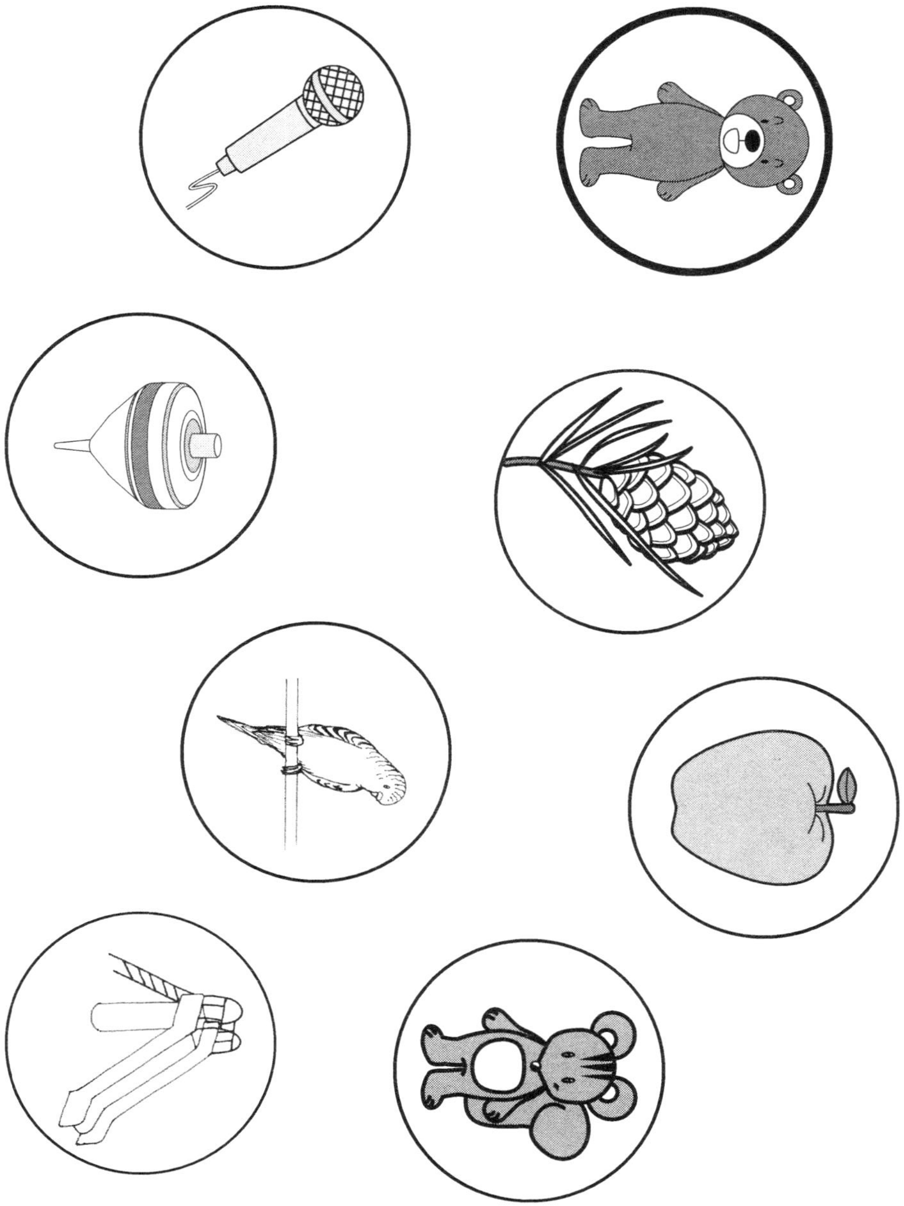

☆関西学院初等部

問題１７

関西学院初等部　専用注文書

年　　月　　日

合格のための問題集ベスト・セレクション

＊入試頻出分野ベスト３

1st 常識	2nd 推理	3rd 口頭試問
公衆　知識	思考力　観察力	話す力　聞く力

2021年度入試は、すべて口頭試問形式で行われました。内容的には、これまでのペーパーテストと大きな変化はなく、これまで通りの幅広い分野の学習が必要ですが、その中でも、常識分野は理科常識について細かい出題が見られるので対策しておきましょう。

分野	書　名	価格(税込)	注文	分野	書　名	価格(税込)	注文
図形	Ｊｒ．ウォッチャー３「パズル」	1,650円	冊	図形	Ｊｒ．ウォッチャー45「図形分割」	1,650円	冊
図形	Ｊｒ．ウォッチャー５「回転・展開」	1,650円	冊	言語	Ｊｒ．ウォッチャー49「しりとり」	1,650円	冊
推理	Ｊｒ．ウォッチャー６「系列」	1,650円	冊	推理	Ｊｒ．ウォッチャー50「観覧車」	1,650円	冊
図形	Ｊｒ．ウォッチャー８「対称」	1,650円	冊	図形	Ｊｒ．ウォッチャー54「図形の構成」	1,650円	冊
常識	Ｊｒ．ウォッチャー11「いろいろな仲間」	1,650円	冊	常識	Ｊｒ．ウォッチャー55「理科②」	1,650円	冊
常識	Ｊｒ．ウォッチャー12「日常生活」	1,650円	冊	常識	Ｊｒ．ウォッチャー56「マナーとルール」	1,650円	冊
言語	Ｊｒ．ウォッチャー17「言葉の音遊び」	1,650円	冊	言語	Ｊｒ．ウォッチャー60「言葉の音（おん）」	1,650円	冊
言語	Ｊｒ．ウォッチャー18「いろいろな言葉」	1,650円	冊		１話５分の読み聞かせお話集①・②	1,980円	各　冊
常識	Ｊｒ．ウォッチャー27「理科」	1,650円	冊		お話の記憶問題集 中級編・上級編	2,200円	各　冊
観察	Ｊｒ．ウォッチャー29「行動観察」	1,650円	冊		新 口頭試問・個別テスト問題集	2,750円	冊
推理	Ｊｒ．ウォッチャー31「推理思考」	1,650円	冊		新 運動テスト問題集	2,420円	冊
常識	Ｊｒ．ウォッチャー34「季節」	1,650円	冊		保護者のための面接最強マニュアル	2,200円	冊
数量	Ｊｒ．ウォッチャー37「選んで数える」	1,650円	冊		家庭で行う面接テスト問題集	2,200円	冊
数量	Ｊｒ．ウォッチャー42「一対多の対応」	1,650円	冊		新 小学校受験の入試面接Ｑ＆Ａ	2,860円	冊

合計	冊	円

（フリガナ） 氏　名	電　話 ＦＡＸ E-mail
住 所　〒　　　－	以前にご注文されたことはございますか。 有　・　無

★お近くの書店、または記載の電話・FAX・ホームページにてご注文をお受けしております。
電話：03-5261-8951　FAX：03-5261-8953　代金は書籍合計金額＋送料がかかります。
※なお、落丁・乱丁以外の理由による商品の返品・交換には応じかねます。

★ご記入頂いた個人に関する情報は、当社にて厳重に管理致します。なお、ご購入の商品発送の他に、当社発行の書籍案内、書籍に関する調査に使用させて頂く場合がございますので、予めご了承ください。

日本学習図書株式会社
http://www.nichigaku.jp

※問題を始める前に、巻頭の「本書ご使用方法」「本書ご使用にあたっての注意点」をご覧ください。

**保護者の方は、別紙の「家庭学習ガイド」「合格ためのアドバイス」を先にお読みください。
当校の対策および学習を進めていく上で、役立つ内容です。ぜひ、ご覧ください。**

〈雲雀丘学園小学校〉

2021年度の最新問題

問題22　分野：お話の記憶

〈準備〉　鉛筆

〈問題〉　お話を聞いて、後の質問に答えてください。

今日はおじいちゃんの誕生日です。家族でデパートにプレゼントを買いに行くことにしました。デパートには車で行きます。お母さんが運転し、その横にはお兄ちゃんが座りました。お母さんの後ろにお父さんが乗り、ハナコさんはその隣に座りました。雨が降っていたので、お母さんは安全運転でデパートに向かいました。デパートに着くと、お父さんは眼鏡、お母さんは帽子、ハナコさんとお兄ちゃんは黒いお箸を買いました。デパートを出ると、きれいな虹が出ていました。それから、おじいちゃんの家に行ってプレゼントを渡しました。おじいちゃんはとても喜んで、早速プレゼントの眼鏡をかけて新聞を読みました。それからみんなで晩ごはんを食べました。おじいちゃんはもらったお箸を使って食べました。次の日、おじいちゃんはプレゼントの帽子をかぶって散歩に出かけました。

（問題22の絵を渡す）
①デパートに行く時、どんな天気でしたか。選んで○をつけてください。
②車の中でハナコさんが座っていた席はどこでしょうか。その場所に○を書いてください。
③ハナコさんとお兄ちゃんが買ったものは何でしょうか。選んで○をつけてください。
④おじいちゃんがプレゼントを使った順番で正しいものはどれでしょうか。選んで左の四角の中に○を書いてください。

〈時間〉　各10秒

問題23　分野：数量（同数発見・選んで数える）

〈準備〉　鉛筆

〈問題〉　ウサギが持っているニンジンと同じ数のニンジンが入っている四角はどれでしょうか。選んで○をつけてください。

〈時間〉　30秒

問題24　分野：推理（四方からの観察）・図形（回転図形）

〈準備〉　鉛筆

〈問題〉　上の段を見てください。１番上の黒い積み木は☆の上に載っています。積み木を上から見た時の形を下の四角の中から選んで○をつけてください。ただし、向きが変わっているかもしれません。

〈時間〉　30秒

問題25　分野：推理（系列）

〈準備〉　鉛筆

〈問題〉　上の段の形はあるお約束にしたがって並んでいます。○と×にはどの形が入るでしょうか。それぞれ四角の中から選んで○をつけてください。

〈時間〉　１分

問題26　分野：言語（しりとり）

〈準備〉　鉛筆

〈問題〉　すべての絵がつながるようにしりとりをします。その時、１番はじめになる絵には○を、最後になる絵には×をつけてください。

〈時間〉　①40秒　②１分

問題27　分野：常識（理科・季節）

〈準備〉　鉛筆

〈問題〉　①季節の順番で左から右に並ぶようにするためには、空いている四角にどの花を入れればよいでしょうか。選んで○をつけてください。
②切り株の模様が正しいものはどれでしょうか。選んで○をつけてください。

〈時間〉　①30秒　②15秒

問題28　分野：常識（理科）

〈準備〉　鉛筆

〈問題〉　①上の段を見てください。キャベツ、ピーマンは水に浮きます。ニンジン、サツマイモは水の中に沈みます。では、右の四角の中で水の中に沈むものはどれでしょうか。選んで○をつけてください。
②１番左の食べものはどの動物から作られているでしょうか。選んで○をつけてください。

〈時間〉　①30秒　②20秒

問題29　分野：口頭試問①

〈準　備〉　なし

〈問　題〉　**この問題の絵はありません。**

【瞑想】

目を閉じて椅子に座ってください。先生が「よい」と言うまで目を閉じていてください（約１分間）。

【指示行動】

・左手を上げてください。

・左手で右のほっぺを触って、右手で左のひじを触ってください。

【面接】

・小学校でやってみたいことは何ですか。

・好きな絵本は何ですか。

・家族とどんな遊びをするのが好きですか。

・お勉強はしてきましたか。

〈時　間〉　適宜

問題30　分野：口頭試問②

〈準　備〉　Ｔシャツ、靴下、タオル、ハンカチ、かご

〈問　題〉　【お話作り】

（問題30-１の絵を渡す）

左から右に絵をつなげてお話を作ってください。

【常識】

（問題30-２の絵を渡す）

・公園の中で悪いことをしている動物は誰ですか。

・それはどうして悪いのですか。

この問題の絵はありません。

【生活巧緻性】

（かごの中にたたんだお手本がある）

Ｔシャツ、靴下、タオル、ハンカチをたたんでください。

〈時　間〉　適宜

問題31　分野：口頭試問③

〈準備〉　歯車

〈問題〉　**この問題の絵はありません。**

【言語】
・本はどのように数えますか。
・鉛筆はどのように数えますか。
・お皿はどのように数えますか。
・傘はどのように数えますか。

この問題は問題31-1の絵を参考にしてください。

【推理】
（実際の歯車を目の前にして）
歯車を矢印の方向に回すと、イヌの歯車は星とハートのどちらの方向に回るでしょうか。
（解答後、実際に歯車を回してみる）
やってみてどう感じましたか。

【推理】
※あらかじめ問題31-２の右端の形を切り取っておく。
（問題31-２の絵を渡す）
２つの形のどちらが大きいでしょうか。黒い紙を使って比べてください。

〈時間〉　適宜

問題32　分野：口頭試問④

〈準備〉　折り紙（５色）、アメ（５個）、皿（３枚）

〈問題〉　**この問題は絵を参考にしてください。**

【図形】
※あらかじめ折り紙を絵のように重ねておく。
お手本の通りに折り紙を重ねてください。

【図形】
※あらかじめ折り紙を絵のように重ねておく。
・上から２番目にある折り紙はどれでしょうか。指さしてください。
・上から３番目にある折り紙はどれでしょうか。指さしてください。

【数量】
５つのアメをお皿に分けてください。
・あなたと男の子でアメを分けてください。
・あなたと男の子と女の子でアメを分けてください。

〈時間〉　適宜

問題33　分野：制作・巧緻性

〈準備〉　クーピーペンシル

〈問題〉　（問題33-１の絵を渡す）
左に描かれている絵を同じように右に描いてください。黒のクーピーペンシルを使ってください。
（問題33-２の絵を渡す）
描かれている絵の周りに好きなものを好きな色のクーピーペンシルで描いてください。

〈時間〉　各５分程度

問題34　分野：指示行動（音楽）

〈準備〉　タンバリン

〈問題〉　**この問題の絵はありません。**

先生が手を叩いたのと同じようにタンバリンを叩いてください。
①タン・タン・タン・休み、タン・タタ・タン・休み
②タン・タタ・タン・休み、タタ・タタ・タタ・タン
③タタ・タン・タタ・タン、タン・タタ・タン・休み
④タン・タン・タタ・タタ、タン・タタ・タン・タン

〈時間〉　適宜

問題35　分野：運動

〈準備〉　ドッジボール、お手玉、平均台

〈問題〉　**この問題は絵を参考にしてください。**

①先生の「１、２、１、２」の号令に合わせて、みんなで行進する（12人で行う。早いリズムと遅いリズムで行う）。
②ボールを両手で下から投げて壁に当て、跳ね返ってきたボールをワンバウンドさせてキャッチする。
③２人で競争します。「よーいドン」の合図で線の上（約20m）を走り、床に置かれたお手玉を取って戻ってきて、先生にお手玉を渡す。
④１人ずつ平均台を渡る。
⑤仰向けで後ろに手をついた格好で線のところ（約３m）まで歩いて戻る（クモ歩き）。

〈時間〉　適宜

問題36　分野：保護者・志願者面接

〈準備〉　なし

〈問題〉　**この問題の絵はありません。**

【保護者】
・志望理由をお聞かせください
・ご家庭の教育方針をお聞かせください。
・併願されている学校はどこですか。
・ご両親で子育てに関する意見が異なった場合は、どのように解決しますか。
・子育てについて、特に気を付けていることをお答えください。
・お子さまはどのような性格ですか。長所は何ですか。
・お子さまが夢中になっていることは何ですか。

【志願者と保護者】
動物園の絵を渡され、「お子さまといっしょに動物園を回る計画を立ててください」と指示される。最後に志願者がどんな計画を立てのかを発表する。

【保護者アンケート】
・「友だちに遊びたくないと言われた」という話をお子さまから聞いた時、どんな対応をしますか。
・お子さまが「宿題をやりたくない」と言った時、どんな対応をしますか。
※両親がそれぞれアンケート用紙に記入する。

〈時間〉　15分程度

問題２２

①

③

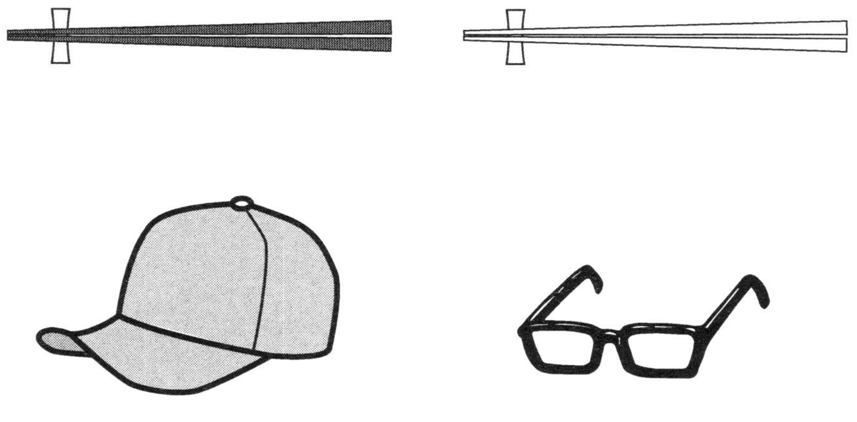

②

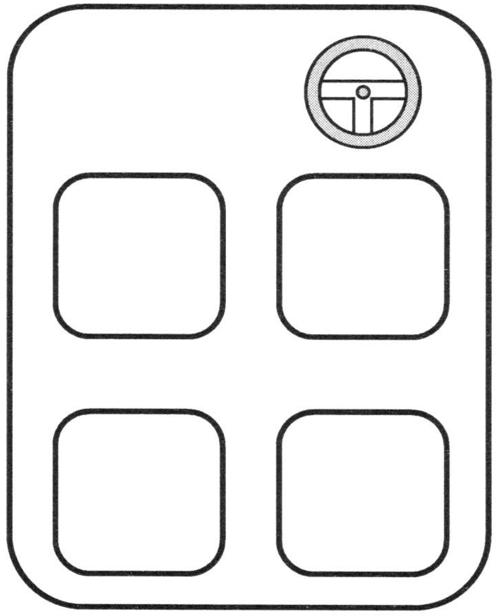

④

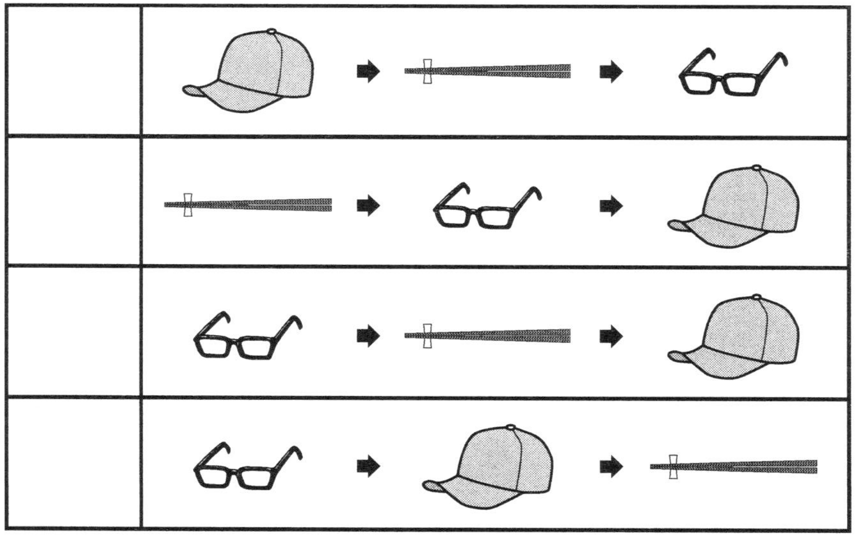

☆雲雀丘学園小学校

問題２３

①

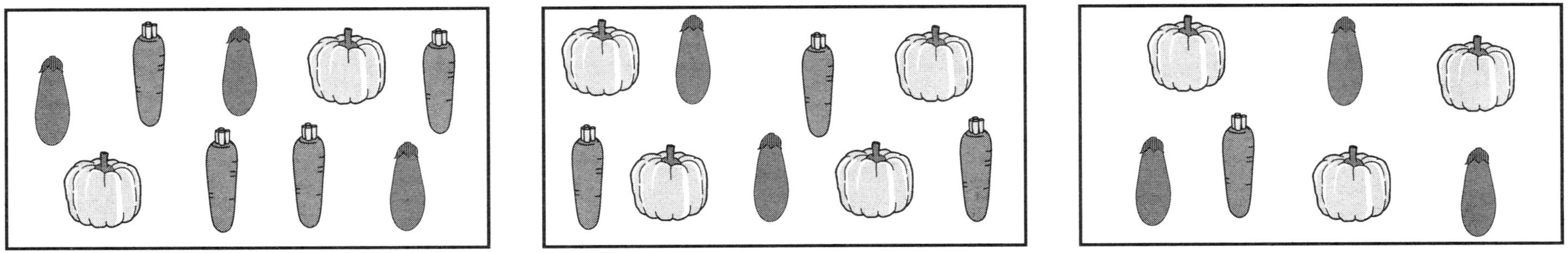

②

③

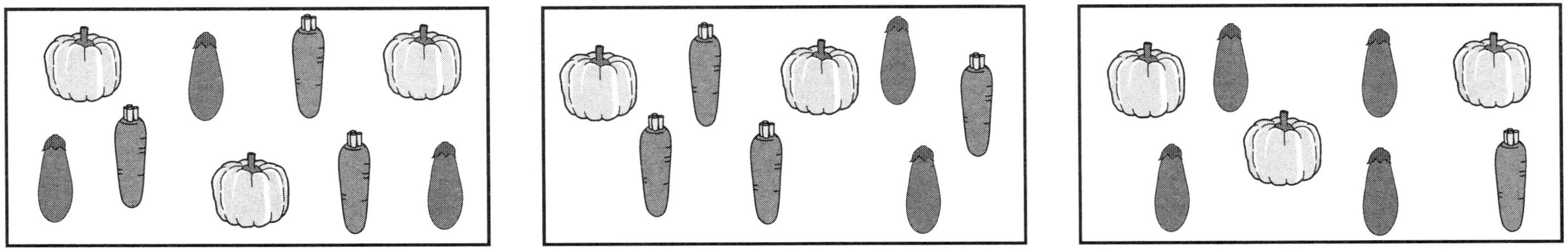

日本学習図書株式会社

問題２４

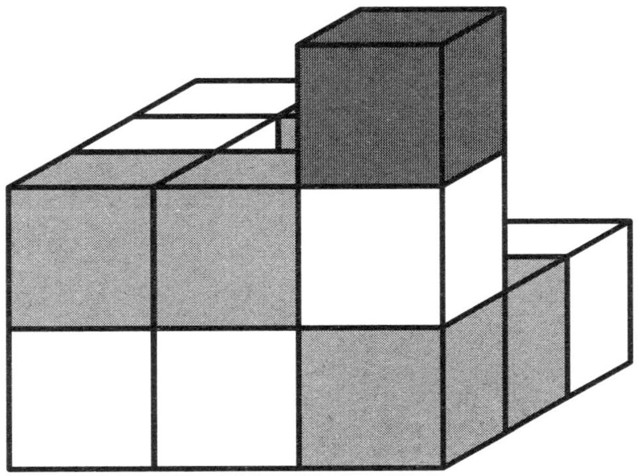

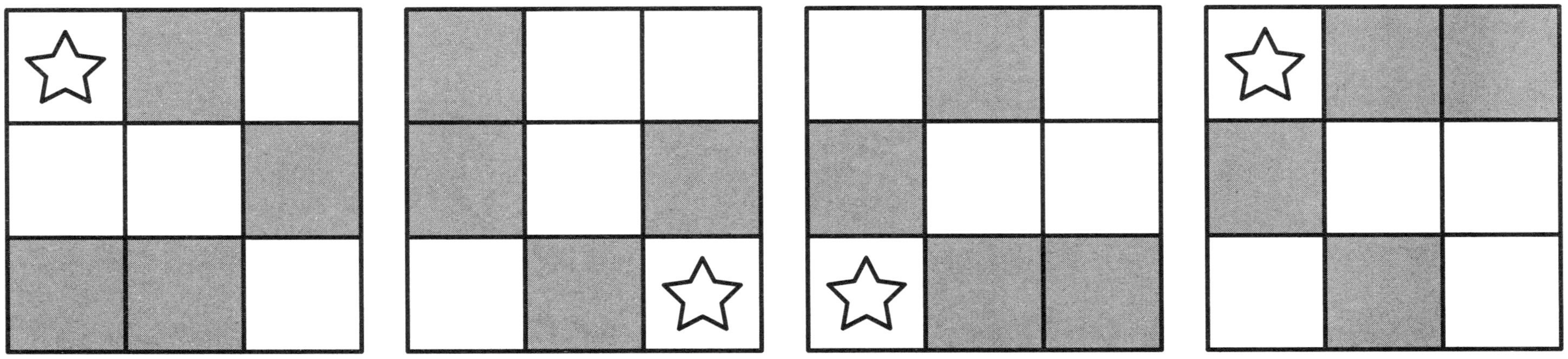

☆雲雀丘学園小学校

問題25

①

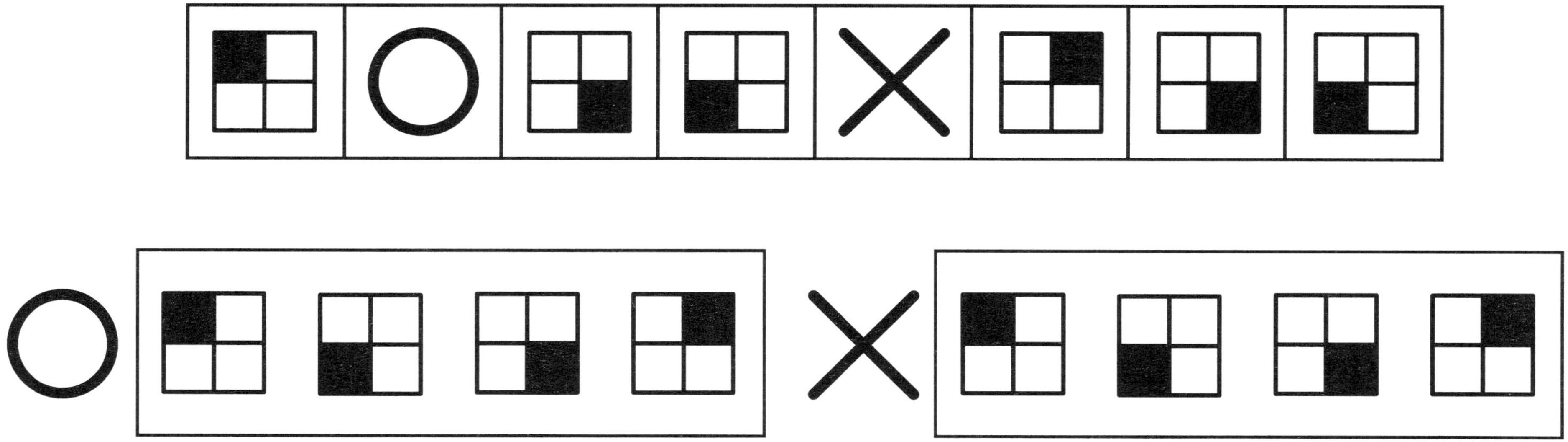

②

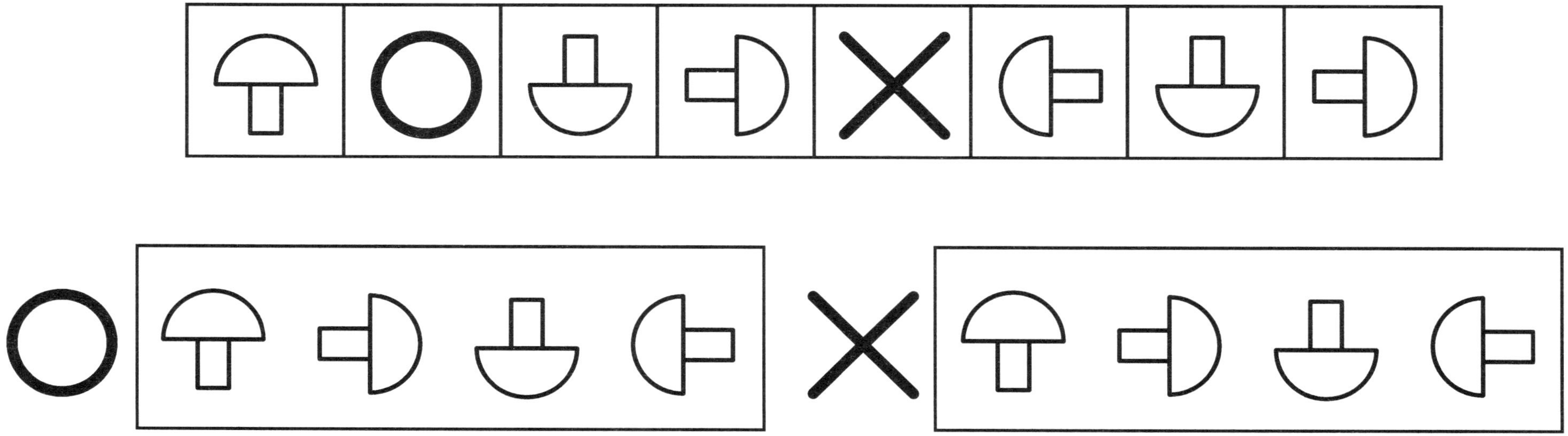

問題２６

☆雲雀丘学園小学校

①

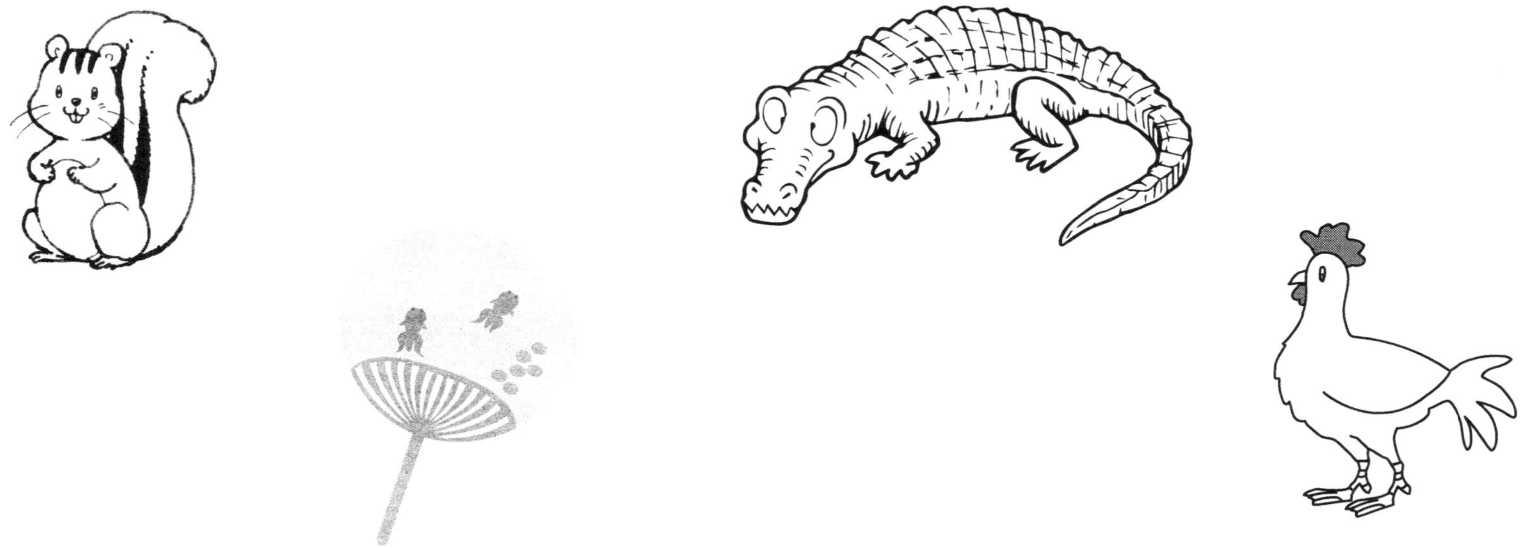

②

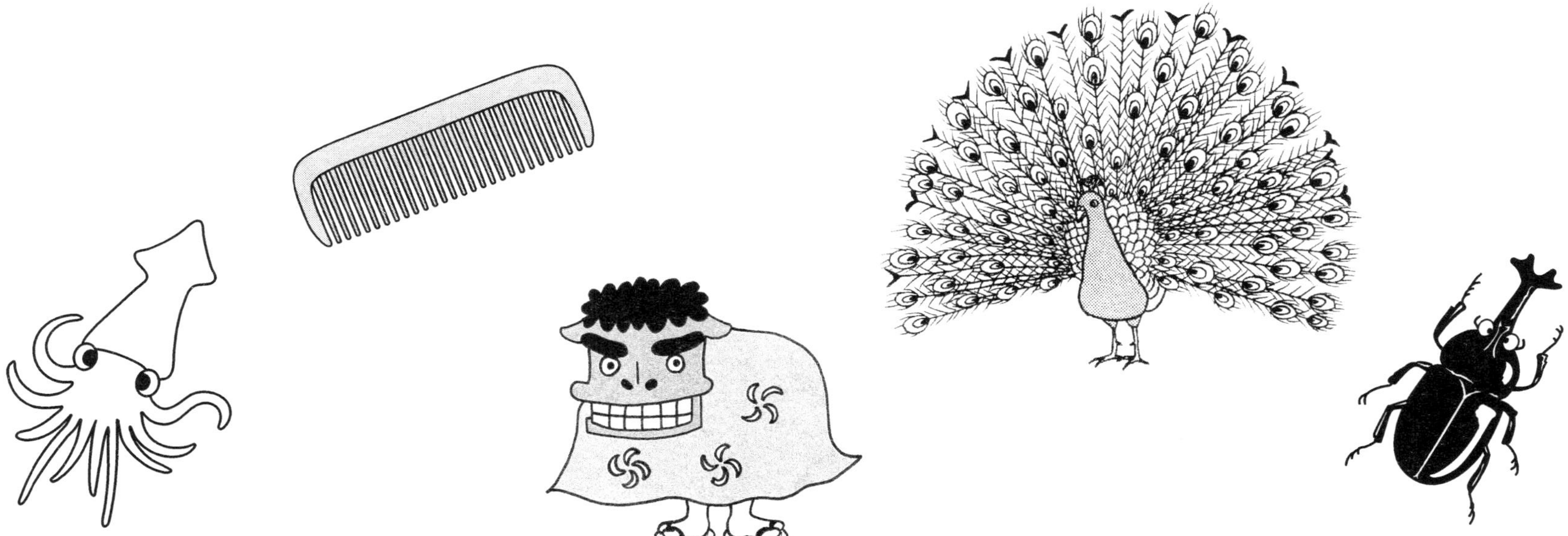

問題２７

①

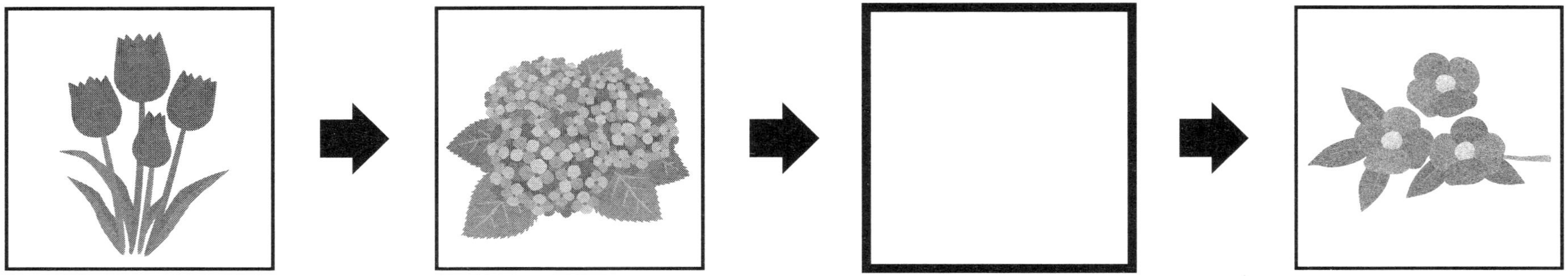

②

☆雲雀丘学園小学校

問題28

①

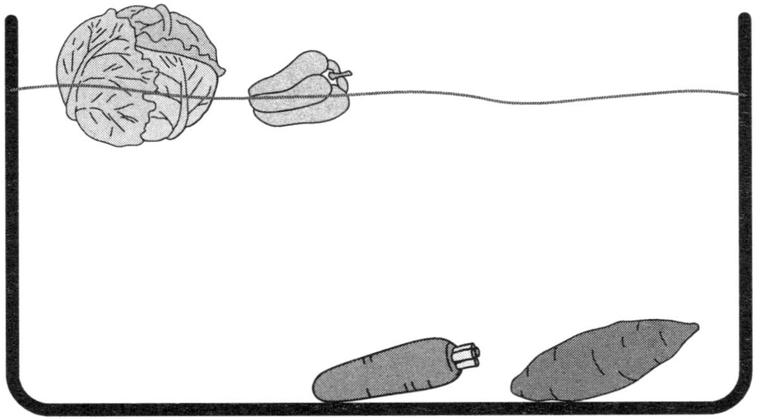

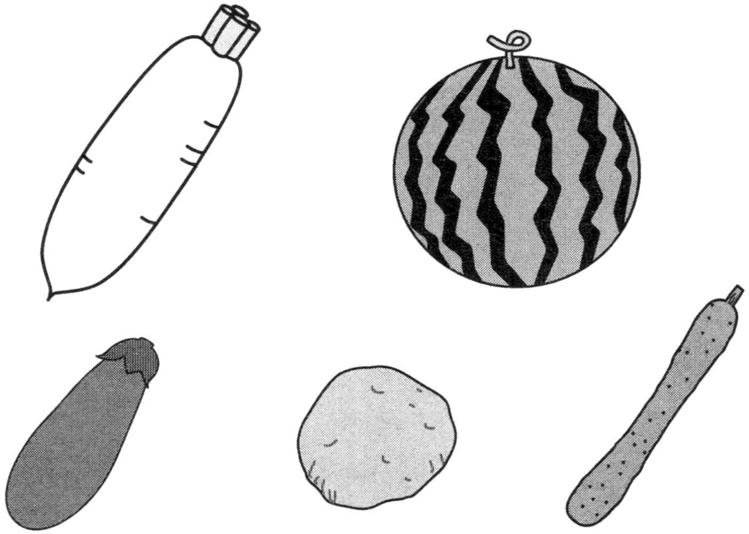

②

問題３０－１

日本学習図書株式会社

☆雲雀丘学園小学校

問題３０－２

③

①

②

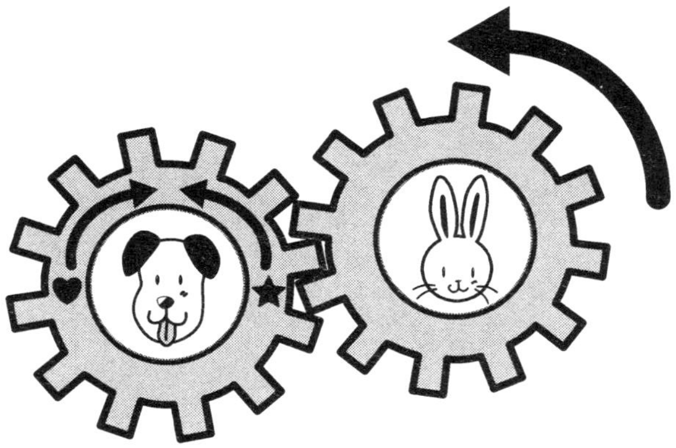

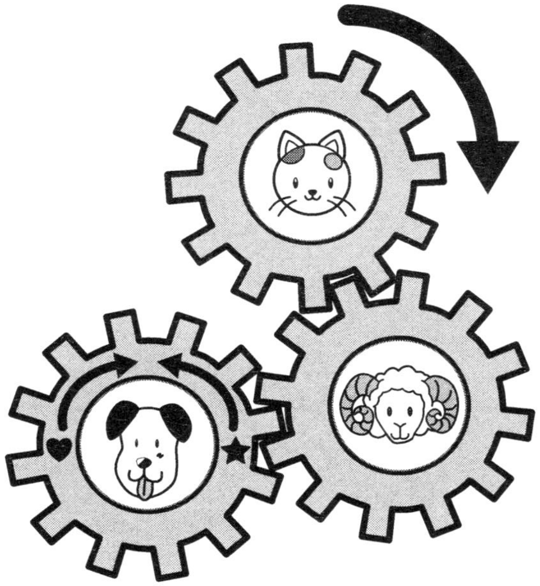

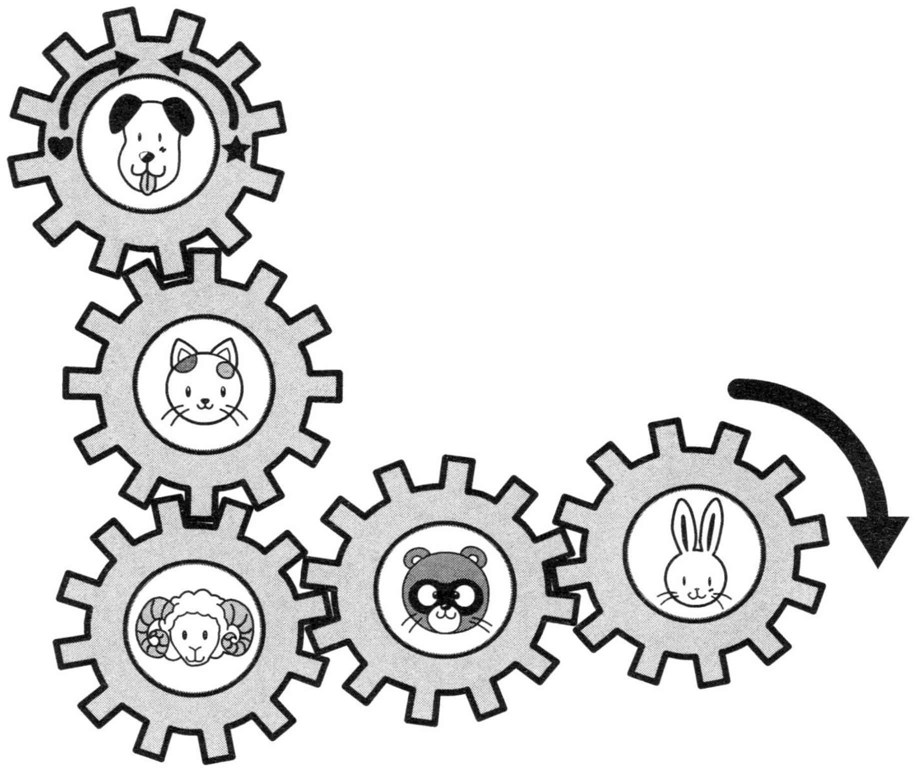

☆雲雀丘学園小学校

2022 年度　関西学院・雲雀丘学園　過去　無断複製／転載を禁ずる　　日本学習図書株式会社

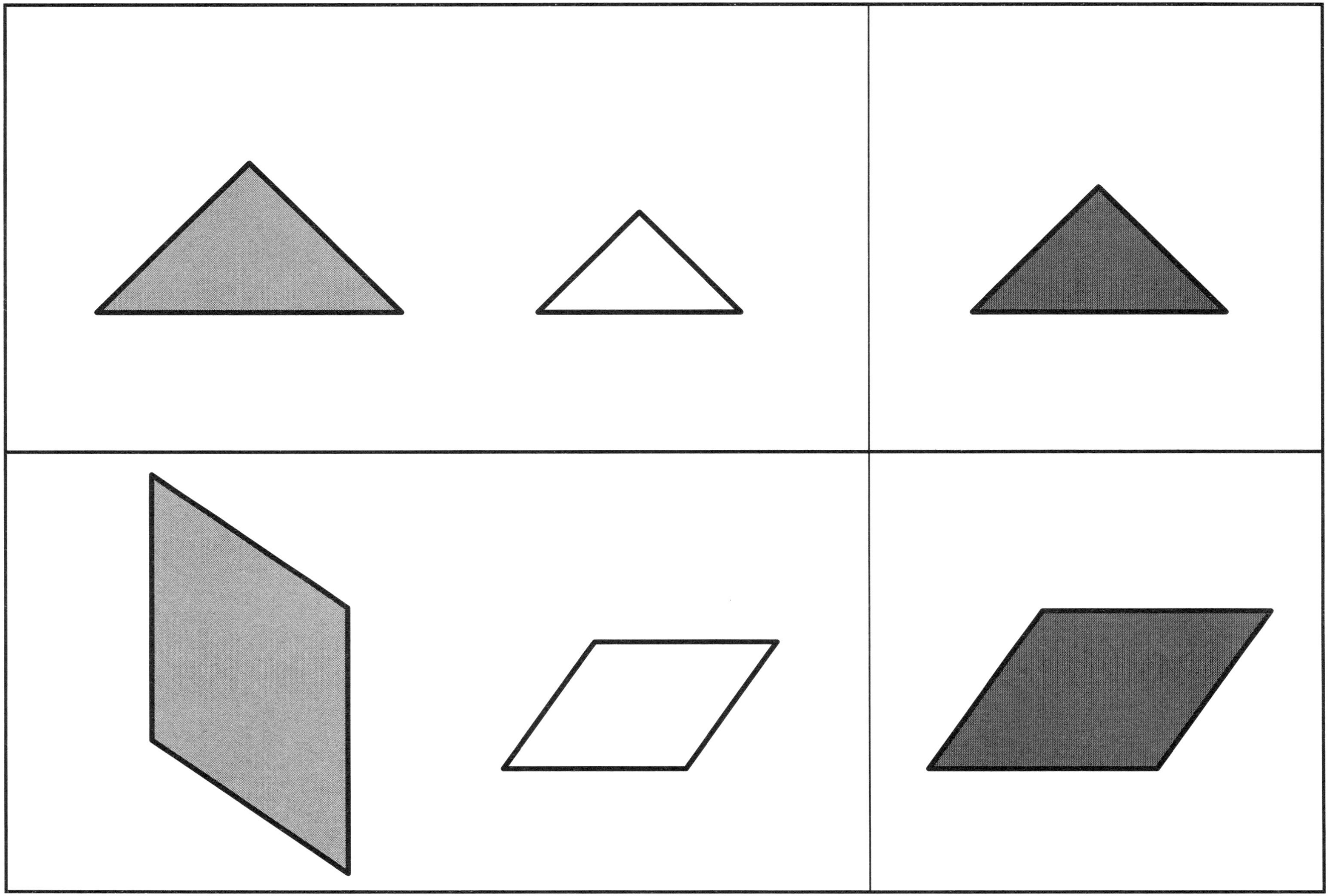

☆雲雀丘学園小学校

問題３２

①

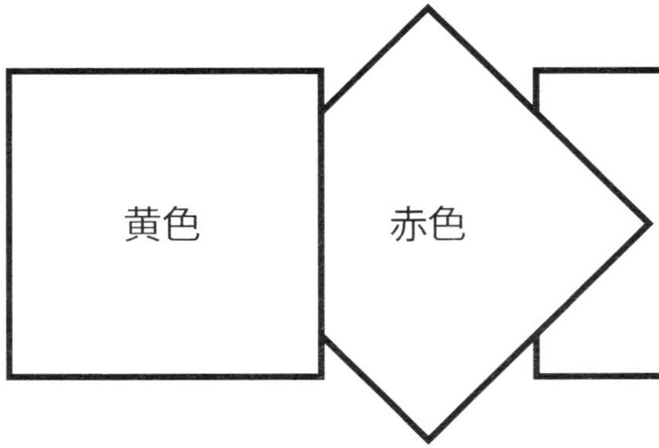

②

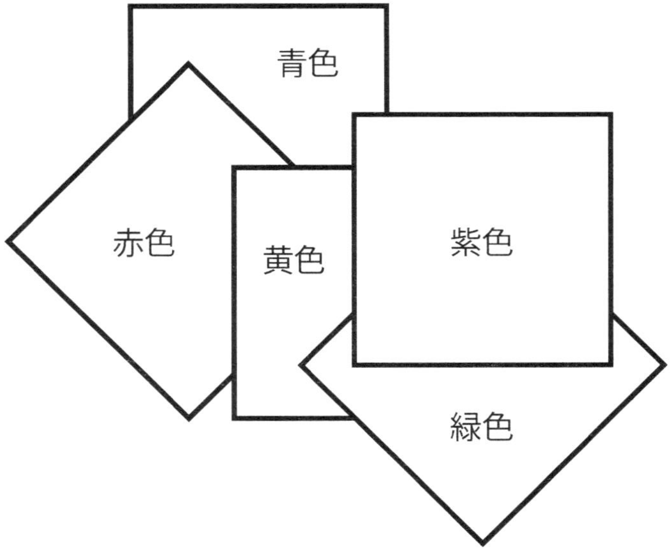

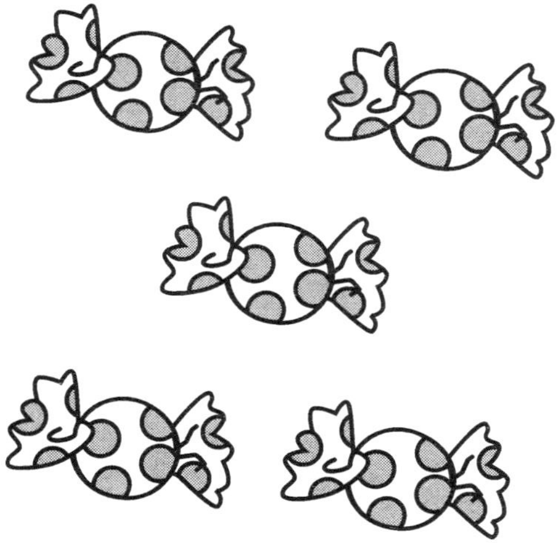

③

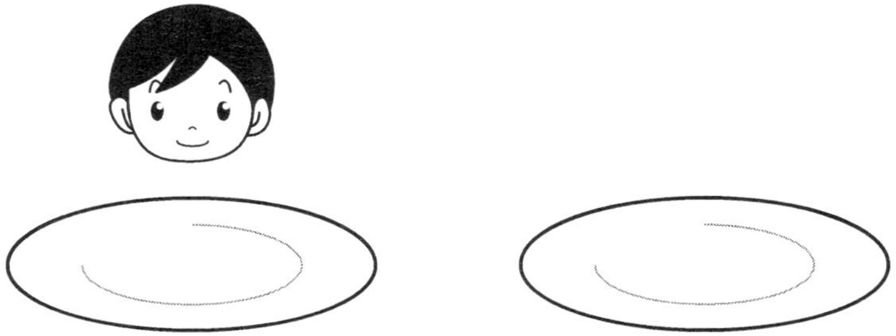

④

日本学習図書株式会社

問題３３－１

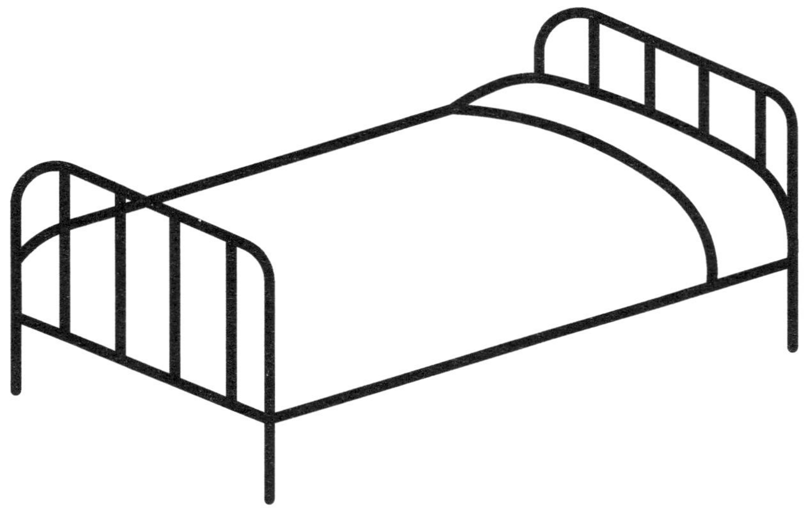

☆雲雀丘学園小学校

2022年度 関西学院・雲雀丘学園 過去　無断複製／転載を禁ずる　　日本学習図書株式会社

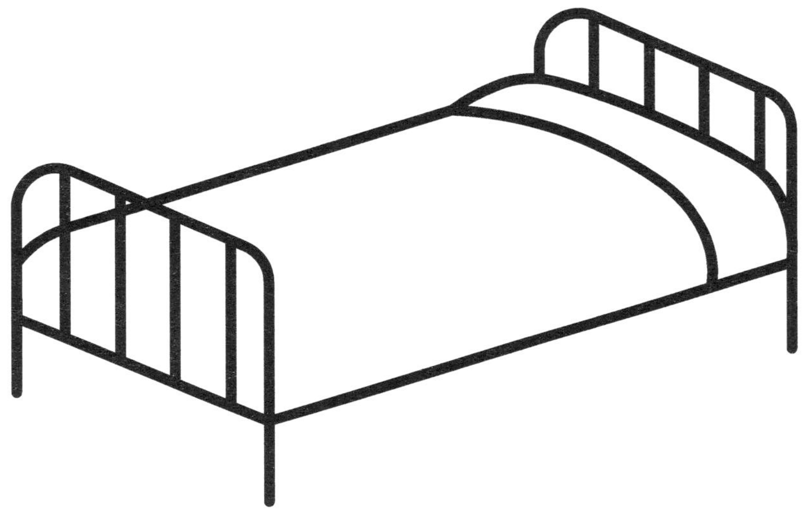

約20m

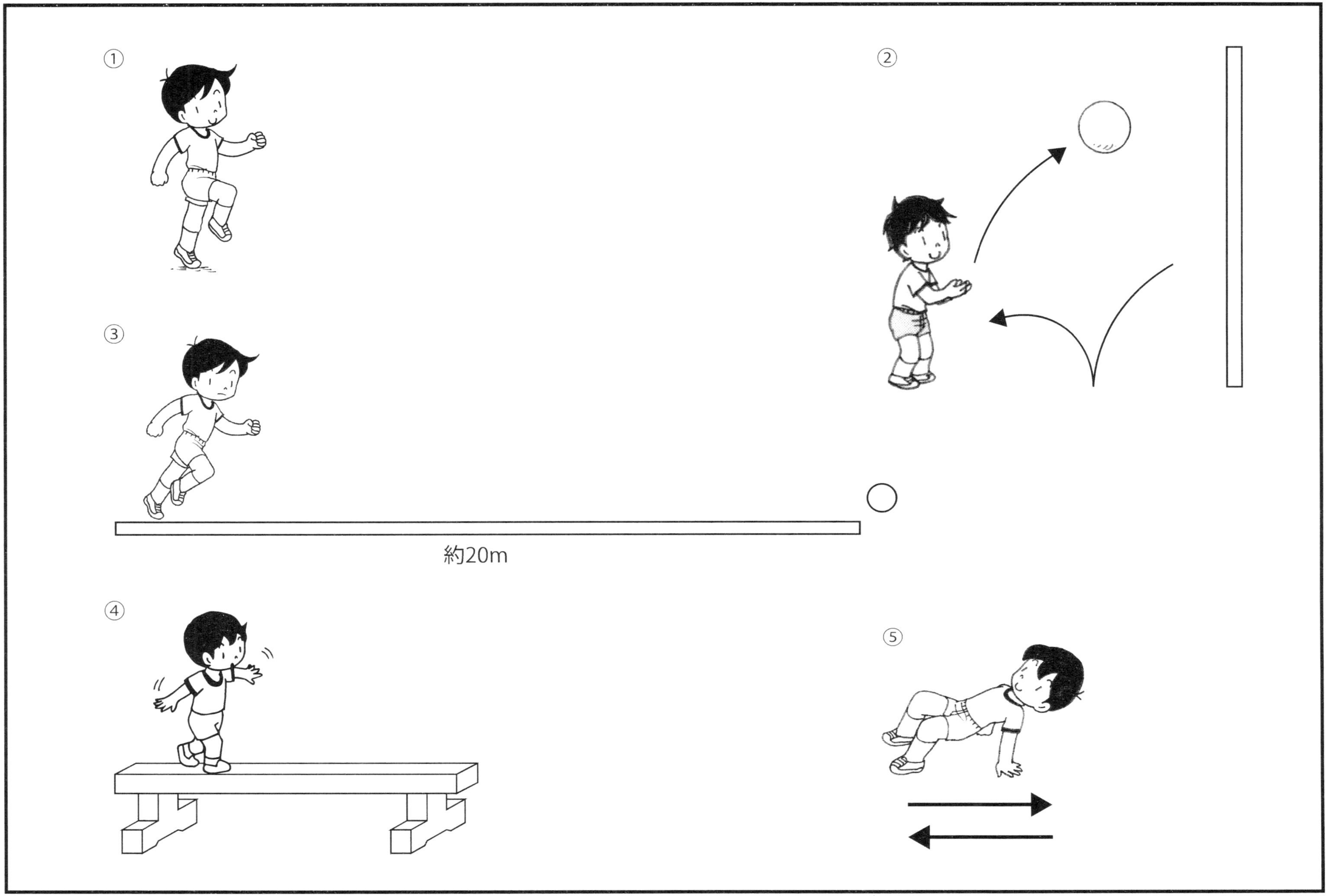

2021年度入試
解答例・学習アドバイス

解答例では、制作・巧緻性・行動観察・運動といった分野の問題の答えは省略されています。こうした問題では、各問のアドバイスを参照し、保護者の方がお子さまの答えを判断してください。

問題22　分野：お話の記憶

〈解 答〉　①左上　②左下　③左上　④下から２番目

お話は短いですが、問題が４問あるので、しっかり「聞く」ことが求められます。ただ、内容は難しくないので、「聞く」ことができれば解ける問題ばかりでもあります。当校のお話の記憶対策は「聞く」ことを中心に進めていけばよいでしょう。まずは短いお話でよいので、読み聞かせを習慣にすることから始めてください。お話を聞くことに慣れてきたら、読み終わった後に「どんなお話だった」と簡単な質問をしてみてください。お話を思い出そうとすることで、「誰が」「どこで」「何を」「どうした」といったことを頭の中に描きます。それができれば、お話に出てくる問題には対応できるようになるので、そうした基礎を徹底していきましょう。

【おすすめ問題集】

１話５分の読み聞かせお話集①・②、お話の記憶問題集 初級編・中級編、
Ｊｒ・ウォッチャー19「お話の記憶」

問題23　分野：数量（同数発見・選んで数える）

〈解 答〉　①左　②右　③真ん中

ニンジンが４本入っている四角を探す問題です。「ニンジンが４本」ということを常に頭の中で意識しておくことで、ほかの野菜を意識の外に置くことができ、ニンジンを数えることだけに集中できます。これ以外にもさまざまな取り組み方はあると思いますが、いずれにしても解答時間が短いので、効率よく数えていく方法を考える必要があります。本問は正解が１つだけでしたが、正解を見つけたからといって、次の問題に進んではいけません。正解は１つだけとは限らないので、正解の数が書かれていない問題の場合は、必ずすべての選択肢を確認するようにしてください。

【おすすめ問題集】

Ｊｒ・ウォッチャー36「同数発見」、37「選んで数える」

問題24　分野：推理（四方からの観察）・図形（回転図形）

〈解 答〉　右端

四方からの観察なのですが、問題がわかりにくく感じるかもしれません。噛み砕いて言えば、黒い積み木をどかした時の上から見た形はどれかということです。それに加えて回転図形の要素も加わっているので、より難しくなっています。上の段の積み木から一気に正解を探すのではなく、まずは回転させていない形を頭に描きましょう。その図形を回転させながら正解を探していく方が確実です。問題を難しいと感じた時は多くの場合、複数の要素が組み合わさっています。それを分割して考えることができれば、それほど難しくなくなります。少し手間はかかるかもしれませんが、そうした方法もあるということを覚えておいてください。

【おすすめ問題集】
Ｊｒ・ウォッチャー10「四方からの観察」、46「回転図形」、
53「四方からの観察　積み木編」

問題25　分野：推理（系列）

〈解 答〉　①○：右端、×：左端　②○：右端、×：左端

回転図形の要素を含んだ系列の問題です。回転図形の要素を含んでいるとは言っても、系列が何を問われているのかを考えると、むしろ解きやすくなっていると考えてよいでしょう。系列は規則性を見つける問題です。形が回転しているということは、その規則性を見つけやすいのです。①では形が右回りに、②では左回りに回転しています。その点に気付くことができれば、それほど難しい問題ではありません。このように、ちょっとした気付きによってスムーズに問題を解くことができるようになることがあります。ふだんの学習の時に、さまざまな考え方をしておくことで、こうした気付きの種が育まれていきます。

【おすすめ問題集】
Ｊｒ・ウォッチャー６「系列」

問題26　分野：言語（しりとり）

〈解 答〉　①○：うちわ、×：リス　②○：クジャク、×：カブトムシ

こうした、どこから始めるのかが示されていないしりとりの場合、まずはつながるところから始めましょう。①では、ワニ→ニワトリと気付けば、リスにつながり、うちははその後につながらないので、先頭に入ることになります。このように、つながるところから始めて、その前後に足していくと効率的に進められます。また、こうした問題で気を付けておきたいのが、どんな印をつけるのかをしっかりと覚えておくことです。本問でははじめに○、最後に×ですが、順番に線を引いてつなげるものもあります。しりとりに集中しすぎて、解答の指示を忘れてしまわないようにしましょう。

【おすすめ問題集】

Ｊｒ・ウォッチャー17「言葉の音遊び」、18「いろいろな言葉」、
49「しりとり」、60「言葉の音（おん）」

問題27　分野：常識（理科・季節）

〈解 答〉　①左から２番目（ヒガンバナ）　②真ん中

①では、空欄が何の季節なのかを考え、その季節の花を下の四角の中から探すという２段階の考え方が求められます。季節は、左からチューリップ（春）→アジサイ（夏）→？→ツバキ（冬）となるので、季節は秋です。下の四角には、レンゲ（春）、ヒガンバナ（秋）、ヒヤシンス（春）、カーネーション（春）があるので、ヒガンバナに○をつければ正解です。それほど難しい問題ではありませんが、選択肢に小学校入試ではあまり見ることのない花が含まれているので悩んでしまったお子さまもいると思います。近畿圏の小学校入試では時折、こうしたもう一歩踏み込んだ知識を求められることがあるのでしっかり対策しておきましょう。

【おすすめ問題集】

Ｊｒ・ウォッチャー27「理科」、34「季節」、55「理科②」

問題28　分野：常識（理科）

〈解 答〉　①上段左（ダイコン）、下段真ん中（ジャガイモ）　②右上（ニワトリ）

①は実際に見せてあげることが理解への近道です。「浮く野菜は〇〇」「沈む野菜は××」というように、ペーパー学習として覚えるのも1つの方法ではありますが、それでは「なぜ浮くのか」「なぜ沈むのか」といった本質的な部分の理解にまでは至りません。学校も知識の有無を観ているのではなく、保護者の方が野菜を洗っている時などに、「何であの野菜は浮かんでいるのに、この野菜は沈んでいるんだろう」といった、「なぜ」の経験をしてきているのかを観ているのです。②でもそれは同様で、「これは何からできているんだろう」ということを興味を持っているかどうかが観られているのです。保護者の方は、お子さまの興味や関心を積極的に引き出してあげるようにしてください。

【おすすめ問題集】
　Ｊｒ・ウォッチャー27「理科」、55「理科②」

問題29　分野：口頭試問①

〈解 答〉　省略

「瞑想」は当校が重視している課題なので、きちんとできるようにしておきましょう。ただ気持ちを落ち着かせるためだけでなく、合否に関わる評価の対象になっています。口頭試問は、本問題集では便宜上４つに区切っていますが、実際の試験では続けて行われます。次々と異なる課題をこなしていかなくてはいけないので、頭と気持ちの切り替えが必要になります。ペーパーだけでなく、口頭試問の準備もしっかりしておきましょう。「指示行動」「面接」に関しては、難しい課題ではないので、問題（質問）をよく聞いて、それに沿った行動（回答）ができていれば充分と言えるでしょう。

【おすすめ問題集】
　新 口頭試問・個別テスト問題集、新 ノンペーパーテスト問題集

問題30　分野：口頭試問②

〈解答〉　省略

2022年度の専願入試では、ペーパーテストを実施しないという発表がありました。ということは、口頭試問や行動観察などのノンペーパーテストが重視されていると考えることができます。本問の課題でも「自分の考えを話す」「自分で身の周りの片付けができる」といった、ペーパーテストでは測れない力が観られています。受験というと、どうしてもペーパー学習に力を入れてしまいがちですが、小学校受験では最近特にノンペーパー寄りになってきていると感じます。お子さまの学力だけを観る試験から、お子さまのすべてを観る試験へと変わりつつあると言えるのではないでしょうか。

【おすすめ問題集】

新 口頭試問・個別テスト問題集、新 ノンペーパーテスト問題集
Ｊｒ・ウォッチャー21「お話作り」、56「マナーとルール」

問題31　分野：口頭試問③

〈解答〉　①ハート　②ハート　③ハート（推理／歯車）

課題の内容的にはペーパーテストで出題されるものと変わりはありませんが、口頭試問は結果だけでなく過程も観られます。もし本問の「言語」の問題がわからなかった時にどういう対応をするかも過程と言えます。すぐにわからないと言うのか、思い出そうとして答えを考えるのか、何も言えないのかといった反応があると思います。これがペーパーテストだったら全員が×です。ですが、口頭試問では、できない（わからない）なりに何とか正解にたどり着こうとすることはよい評価の対象になります。ペーパーテストと口頭試問では、同じような問題でも評価のポイントが異なる場合があります。保護者の方は、何を求められているのかをしっかりと理解しておきましょう。

【おすすめ問題集】

Ｊｒ・ウォッチャーＪｒ・ウォッチャー15「比較」、18「いろいろな言葉」、
31「推理思考」、58「比較②」

問題32　分野：口頭試問④

〈解 答〉　省略

①②（図形）は、実際の折り紙を使って行われました。特に難しい点はありませんが、１つだけ注意しておくとすれば、①では、下から（青→赤→黄）置いていくと、重ねるという意味をきちんと理解していると判断されるでしょう。③④（数量）も、お皿を目の前にして行われました。数量とはしましたが、行動観察ととらえてよいでしょう。本問では、いくつずつ分けるかよりも、余ったアメをどうするのかというところに主眼が置かれていると思われます。余りをお友だちにあげるのか、自分のものにするのか、余ったアメを分けないで置いておくのかというお子さまの考え方が観られているのです。

【おすすめ問題集】

Ｊｒ・ウォッチャー35「重ね図形」、40「数を分ける」

問題33　分野：制作・巧緻性

〈解 答〉　省略

模写ではありますが、図形ではないので、巧緻性だけでなく絵を描く力も求められます。ベッドが立体的に描かれており、お子さまにとっては少し難しい絵と言えるかもしれません。図形の模写ではないので、大きさや位置が厳密に同じである必要はありません。その部分を意識しすぎてしまうと、絵としての全体のバランスが崩れてしまいがちです。細かな部分に目を配ることも大切ですが、ベッドの絵ということが伝わらなければ「同じように」描いているとは言えません。続いての絵の周りに好きな絵を描く課題ですが、「好きなもの」とは言っても、部屋の様子など、ベッドに関連のある絵が描けるとよいでしょう。

【おすすめ問題集】

Ｊｒ・ウォッチャー22「想像画」、24「絵画」

問題34　分野：指示行動（音楽）

〈解 答〉　省略

例年は本問に加えて歌唱の課題が行われています。音楽的な素質を観ているというわけではないでしょうが、しっかりと音楽課題が行われているということは、音楽に親しんでいてほしいという学校の考えが表れていると言えるでしょう。今年度に関しては、先生に合わせてタンバリンを叩くという指示行動に近い内容になっています。先生と同じように叩けばよいのですが、リズム感も必要になります。当校の運動課題では行進が行われており、そこでもリズム感が大切になってきます。専門的な音楽の経験や知識までは求められていませんが、生活の中で音楽に慣れ親しんでおくことは、本課題の対策になるかもしれません。

【おすすめ問題集】

Ｊｒ・ウォッチャー29「行動観察」

問題35　分野：運動

〈解答〉　省略

当校の運動テストは、例年4～5つ程度の課題が行われています。大きな変化はありませんが、新しい課題が行われることもあるので、できるだけ幅広い運動課題を経験しておくようにしましょう。今年度で言えば、⑤のクモ歩きと呼ばれる課題が新しく行われました。この課題を試験本番でいきなりやるというのは難しいことです。一度でも経験しておけば、気持ち的にも身体的にもずいぶん違ってくると思うので、さまざまな動き（運動）をお子さまに経験させるようにしてください。また、課題以外の待つ時間もしっかりと観られています。特に今年度は行動観察が行われなかったので、そうした課題以外の部分がよりしっかりと観られていたと考えられます。

【おすすめ問題集】

新 運動テスト問題集、Ｊｒ・ウォッチャー28「運動」

問題36　分野：保護者・志願者面接

〈解答〉　省略

今年度から、保護者面接から親子面接（原則両親）に変更になりました。親子関係に関する質問が大半で、中心になるのは「親子で相談して動物園を回る計画を立てる」という親子課題です。この課題でも観られているのは親子の関係性です。保護者がどうサポートしているのか、志願者は保護者を頼っていないかなど、課題を通じてふだんの様子が観られることになります。親子間のコミュニケーションをしっかりとっておきましょう。また、アンケートは同じテーマで父親と母親がそれぞれ回答します。考え方にズレが出ないように、保護者間でも日頃から話し合いをしておく必要があるでしょう。

【おすすめ問題集】

新 小学校受験の入試面接Q＆A、保護者のための面接最強マニュアル、
家庭で行う面接テスト問題集、新・小学校受験 願書・アンケート・作文 文例集500

問題37　分野：お話の記憶

〈準 備〉　鉛筆

〈問 題〉　**この問題の絵は縦に使用してください。**
お話を聞いて、後の質問に答えてください。

太郎くんと花子さんが公園でお話しをしていました。その時、花子さんは太郎くんの小指に絆創膏が貼られていることに気付きました。花子さんが「どうしたの」と聞くと、太郎くんは「昨日野菜を切っている時に小指にけがをしたんだよ」と言いました。花子さんは「お料理できるなんてすごいね」と言いました。太郎くんは「キャベツとピーマンとニンジンを切って、お鍋で炒めただけだよ」と答えました。その後、太郎くんは花子さんに「昨日は何をしてたの？」と聞きました。花子さんは「妹とケンカばっかりしていたけど、公園に入って砂場で遊んで、次にジャングルジムで遊んだよ」と言いました。

①上の絵を見てください。太郎くんがけがをした指に○をつけてください。
②真ん中の絵を見てください。鍋に入っていなかった野菜に○をつけてください。
③下の絵を見てください。昨日花子さんがはじめに遊んだものに○を、最後に遊んだものに×をつけてください。

〈時 間〉　各10秒

〈解 答〉　①小指に○　②右から２番目　③○：左端　×：左から２番目

［2020年度出題］

学習のポイント

当校のお話の記憶で扱われているお話は、一般的な小学校受験のものと比べて短いものと言えるでしょう。そのため、確実にお話を聞き取れるようにしておきましょう。なぜなら、ここでは「確実に聞くこと」以外は評価されることがないからです。この問題の設問を見ればわかる通り、質問はお話の内容に沿ったものばかりです。「誰が」「何を」「どのように」「どんな」といったことばかりですから、知識も必要はありませんし、考える必要もないということです。ただし、こうした問題は基礎ですからほとんどのお子さまが正解するものです。これを間違えてしまうとお話をしっかり聞くことができないと判断されかねません。それだけに集中して取り組みたい問題です。

【おすすめ問題集】
　１話５分の読み聞かせお話集①・②、お話の記憶問題集 初級編・中級編
　Ｊｒ・ウォッチャー19「お話の記憶」

問題38　分野：数量（同数発見）

〈準備〉　鉛筆

〈問題〉　ゾウが持っている△の数と同じ数の△がある箱に、それぞれ○をつけてください。

〈時間〉　30秒

〈解答〉　サル：下　ライオン：上　カエル：真ん中

［2020年度出題］

学習のポイント

ランダムに描かれたものの中から、指示されたものを選んで数える同数発見の問題で例年出題されています。この問題を解くポイントは、図形を選んで数える視線を一定の方向に決めることです。例えば、左から右へ見るようにするなど自分でルールを決めてしまいます。そうすると数え間違いなどのケアレスミスは少なくなります。解答時間が30秒と短いですが、ふだんどおり解いていけば時間内で解くことができる問題です。少しでもふだんどおりに解けるようには数をこなすことでしょう。日頃の学習で類題を繰り返し解いていき、慣れていくことです。また、慣れてくると自然に自分でルールを作り、効率的に解くことを身に付けていきます。

【おすすめ問題集】
　Ｊｒ・ウォッチャー14「数える」、36「同数発見」、37「選んで数える」

問題39　分野：数量（積み木）

〈準備〉　鉛筆

〈問題〉　積み木の数が１番多い絵に○をつけてください。

〈時間〉　１分

〈解答〉　右から２番目

［2020年度出題］

学習のポイント

どの積み木が１番積まれているかを答える問題です。数量分野でも積み木を扱った問題は当校でよく出題されるので必ずおさえておきたいものの１つです。積み木の問題で注意したいのは、「積み木の影になって絵に描かれていない積み木がある」ということです。お子さまがそのことをわからないようであれば、問題と同じように積み木を積んでお子さまに実物を使って説明してください。実際に実物を使って見ることは口だけで説明するよりもよほど早く理解できます。そして実物を使った学習を繰り返していけば、お子さまは絵に描かれていない積み木があるということをイメージできるようになり、ペーパーでも答えられるようになります。

【おすすめ問題集】
Ｊｒ・ウォッチャー14「数える」、16「積み木」

問題40　分野：推理（ブラックボックス）

〈準備〉　鉛筆

〈問題〉　１番上の段の絵を見てください。太陽と星のトンネルがあります。リンゴが太陽のトンネルに入ると２個増えて、星のトンネルに入ると１個減りました。では、真ん中の段のような場合だと、リンゴはいくつになりますか。下の段の四角の中で正しいものに○をつけてください。

〈時間〉　１分

〈解答〉　右から２番目

［2020年度出題］

学習のポイント

ブラックボックスを通るとどのように変化するかを聞かれている問題です。変化といってもほとんどは数が増える（減る）というものですから、じっくり考えるほどのものではありません。１つひとつ考えていけば自然に答えが出るはずです。「トンネル」を通ると△が▽になる」といった図形の要素を入れたり、ブラックボックスを通る回数を増やしたりと応用問題はありますが、当校ではおそらく出題されないでしょう。ブラックボックスの問題の仕組みや解き方をひと通り覚えて、基礎ができている状態であれば充分に対応できると思います。

【おすすめ問題集】
Ｊｒ・ウォッチャー31「推理思考」、32「ブラックボックス」

問題41　分野：図形（鏡図形）

〈準備〉　鉛筆

〈問題〉　上のスタンプを押すとどうなりますか。正しいものに○をつけましょう。

〈時間〉　30秒

〈解答〉　右から２番目

［2020年度出題］

学習のポイント

鏡図形の問題です。出題されている図形は複雑なものではないので、その意味では基礎問題と言ってよいでしょう。左右対称の図形は注意して見ればすぐにわかります。観点はそこではないでしょう。では、何を観点としている問題なのかと言うと、くらしの中で判子やスタンプを押した経験の有無かもしれません。つまり、「判子を押すと実際に彫られている文字とは左右対称の絵や文字が押される」という生活体験、経験があるかどうかです。そういった経験があるということは、保護者の方が教育に熱心で、さまざまな学びの機会を与えているということやお子さまに好奇心があると学校側は考えているのでしょう。

【おすすめ問題集】
　Ｊｒ・ウォッチャー48「鏡図形」

問題42　分野：常識（季節、理科）

〈準備〉　鉛筆

〈問題〉　**この問題の絵は縦に使用してください。**
（問題42－1の絵を見せる）
①同じ季節の絵同士を線で結んでください。
（問題42－2の絵を見せる）
②上の絵を見てください。ブタの尻尾に○をつけてください。
③真ん中の絵を見てください。上と下の絵を見て、同じもの同士を線で結んでください。
④下の絵を見てください。カエルの食べものはどれですか。正しいものに○をつけてください。

〈時間〉　各30秒

〈解答〉　下図参照

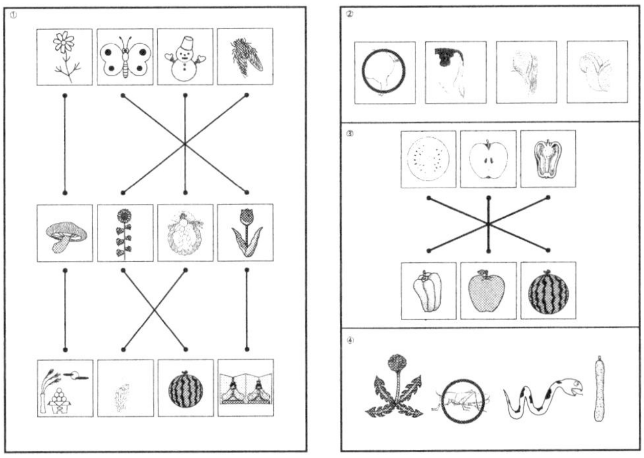

［2020年度出題］

学習のポイント

当校では常識分野の問題が頻出しています。理科的常識、季節、マナーなどさまざまな常識が出題されます。年齢相応に知っておくべき常識は、どのような方法でも構わないので知識を持っておきましょう。当校の出題の特徴は細部まで聞くことがあります。例えば、動物の場合は種別（「魚の仲間」程度にわかればよいです）、特徴（卵生、胎生など）、棲息場所、主なエサなどが過去に出題されています。植物の場合は、開花時期や収穫時期、成長の様子（種と花の関係）などです。実際の試験では写真を使って出題されることがほとんどなので、できれば実物に近いイラストが載っているものやインターネットを使ってください。実物を遠くから見るよりはわかりやすい場合もありますが、実物をじっくり観察できる機会があれば、積極的に学習に取り入れてください。

【おすすめ問題集】

Ｊｒ・ウォッチャー12「日常生活」、27「理科」、34「季節」、55「理科②」

問題43　分野：言語（言葉の音）

〈準備〉　鉛筆

〈問題〉　**この問題の絵は縦に使用してください。**
上の絵を見てください。「こいのぼり」と「ネズミ」のはじめの音をつなげると、「ネコ」になります。このようにしてできるものを下の絵からも見つけて○をつけましょう。

〈時間〉　各10秒

〈解答〉　①右から２番目　②右から２番目

［2020年度出題］

学習のポイント

本問は、はじめの音をつなげて言葉を作る問題です。はじめの音をつなげる、ということをしっかり理解できていればそれほど難しくない問題でしょう。この問題が解けなかったお子さまは、「はじめの音」という意味がわからなかったのかもしれません。まずは言葉を構成する文字１つに対し、音が必ず１つあることを理解しましょう。例えば、「こいのぼり」ならば「こ・い・の・ぼ・り」と口を動かしていくと、５つの音で構成されていることがわかります。はじめの音というのは、ここでいう「こ」にあたります。それでもわからないお子さまならば、言葉を発した時に、口が動いた数だけ手を叩いてみましょう。これを繰り返し行っていくと、言葉の音（おん）に対する理解が深まっていきます。

【おすすめ問題集】
Ｊｒ・ウォッチャー17「言葉の音遊び」、60「言葉の音（おん）」

問題44　分野：制作・巧緻性

〈準備〉　クーピーペンシル

〈問題〉　（問題44-１の絵を渡す）
左に描かれている絵を同じように右に描いてください。黒のクーピーペンシルを使ってください。
（問題44-２の絵を渡す）
描かれている絵の周りに好きなものを好きな色のクーピーペンシルで描いてください。

〈時間〉　各５分程度

〈解答〉　省略

［2020年度出題］

学習のポイント

例年出題されている制作課題です。まず、模写です。当校では構図が単純な「絵」を描きます。ただ、座標がある紙に描く点線図形よりは「どの位置にどのような線が描いてあるかを」把握して、自分の手で再現するという意味ではかなり難しい課題と言えるでしょう。しかし、取り組んでいる姿勢や態度を観ていますので、出来映えはほとんど評価されないでしょう。著しく観察力がないと評価されないように、部品が揃っていて、大体の位置関係があっていれば問題はありません。次に、②では「花の周りに絵を描きなさい」という指示です。特に指定されていないので何を描いても自由ですが、できれば花の周りを飛ぶ虫とか、ジョウロ、植木鉢といったものなど、そこにあって不自然でないものを描いておきましょう。

【おすすめ問題集】
　Ｊｒ・ウォッチャー22「想像画」、24「絵画」

問題45　分野：行動観察（音楽）

〈準備〉　童謡の伴奏のＣＤ（「ブンブンブン」「チューリップ」「犬のおまわりさん」「大きな栗の木の下で」など）、再生機器

〈問題〉　①（問題45の絵を見せる）
　４枚の絵の中から好きな絵を１つ選んでください。これから選んだ絵の歌を流しますから歌ってください（選んだ歌の伴奏を流す）。
②私（出題者）のお手本の後、同じように手を叩いてください。
　（以下のリズムで手を叩く）
　１回目：タンタンタン（ウン）・タタタタタタタン
　２回目：タンタタタンタタ・タタタタタン（ウン）
　３回目：タタタンタタタン・タタタンタン（ウン）
　４回目：タンタンタタタン・タンタタタン（ウン）
※「タン」は４分音符、「タ」は８分音符、「（ウン）」は４分休符

〈時間〉　①３分　②２分

〈解答〉　省略

［2020年度出題］

学習のポイント

①の課題は、選曲によって評価が変わることはありません。得意な歌を選択すればよいでしょう。「どんぐりころころ」「こいのぼり」「森のくまさん」「ぞうさん」「おもちゃのチャチャチャ」など、有名な童謡が多数出題されています。②は、リズム感覚の問題です。①と同様に、ふだんから歌や踊りを通してリズム感を養っておいてください。リズム感がないお子さまも、よく聞く歌に合わせて、一定のリズムで手を叩く、ジャンプするなどすれば、リズムとは何なのかがわかってくるはずです。なお、歌う時は恥ずかしがったりせず、前を向いて大きな声で元気よく歌えば、多少音程やリズムが狂っていたとしても悪い評価はされません。積極的な姿勢を見せましょう。

【おすすめ問題集】
　Ｊｒ・ウォッチャー29「行動観察」

問題46　分野：口頭試問

〈準備〉　①問題46-1の絵を点線で切っておく。
②なし
③ペンマーカー5本、大きいクリップ20個ほど、小さいクリップ20個ほど、
箱（3個、ペンマーカー、大きいクリップ、小さいクリップを入れておく）
紙（クシャクシャにしておく）、ハサミ、ゴミ箱
※これらを机の上に置く。机の上では、紙や大小それぞれのクリップ5～6個を箱の外に置いていたり、マーカー1本をクリップの箱に入れておくなど少乱雑にしておく。ハサミは床に置く。
④折り紙
⑤～⑦なし
⑧大きさの違うコップ12個、水
⑨タングラム
⑩なし

〈問題〉　**この問題の①③④⑤⑥⑦⑩は絵はありません。**
①目を閉じて椅子に座ってください。先生が「よい」と言うまで目を閉じておいてください。
（問題46-1の☆の絵を見せる）
②この絵を見てください。あなたは絵の中の子になったつもりで、先生の質問に答えてください。先生「ねえ、ネズミさん風邪を引いたんだって。大丈夫？」
（問題46-1の★の絵を見せる）
先生「ネズミさん、こないだ楽しいことがあったって言ってたけど、教えてくれる？」
（解答後）
先生「それはよかったね、早く風邪よくなるといいね」
志願者「ありがとうございます」など
③机の上にたくさんのゴミがあるので片付けてください。ほかにもおかしいところがあれば直してください。
④折り紙を三角に折ってください。
（折り終えたら）
そこから何を折ることができますか。
⑤先生が言うことを繰り返してください。
「ある日、太郎くんが花子さんといっしょに公園で遊ぶ約束をしました」
⑥先生の質問に答えてください。
今日が水曜日だとすると、次の日は何曜日ですか。
⑦先生の質問に答えてください。
お鍋の音はグツグツといいます。では、そうめんを食べるときはどんな音ですか。
（問題46-1の◇の絵を見せる）
⑧・1番上の段を見てください。大きさの違う2つのコップに水が入っています。先生が棒でコップを叩いた時の音はどう違うと思いますか。
・上から2番目の段を見てください。同じ大きさのコップに水が入っています。それぞれ水の量は違います。先生が棒でコップを叩いた時の音はどう違うと思いますか。
・下から2番目の段を見てください。同じ大きさの3つのコップに同じ量の水が入っています。水の色は違います。先生が棒でコップを叩いた時の音はどう違うと思いますか。
・下の段を見てください。叩いた時に同じ音が出るコップはどれでしょうか。
（問題46-2の絵を見せる）
⑨上の段を見てください。この形と同じものを下の四角の中の形を使って作ってください。
⑩次の質問に答えてください。
「今日は誰と来ましたか」
「お勉強はしてきましたか」
「好きな食べものと嫌いな食べものを教えてください」

〈時　間〉　①１分　②２分　③１分　④20秒　⑤⑥⑦各10秒
⑧３分　⑨１分30秒　⑩１分

〈解　答〉　①②③④⑤省略　⑥木曜日　⑦「ズルズル」など
⑧⑨⑩省略

［2020年度出題］

学習のポイント

例年出題されている口頭試問テストです。さまざまな分野からの質問があり、しかも口頭で解答をするので、頭の切り替えが大切です。「○○です」「××だと思います」と、ていねいに答えられるように指導してください。また、②のように、登場人物の気持ちやセリフを感情を込めて表現することも観られるので、年齢相応にそういった表現ができるようにしましょう。質問を答える時、理由や考え方の説明など１歩踏み込んだ説明ができるようにしておくとよいでしょう。そうすると不意の質問に対応できるだけではなく、落ち着いて答えられるようになります。付け加えるなら、この問題を学習する時は保護者の方は途中で口をはさまないようにしてください。こうした口頭試問の問題では何より自分の言葉で答えることに意味があるのです。

【おすすめ問題集】
新 口頭試問・個別テスト問題集
Ｊｒ・ウォッチャー21「お話作り」、54「図形の構成」

問題47　分野：行動観察

〈準　備〉　1.5リットルのペットボトル（水を３分の１程度入れておく）、500ミリリットルのペットボトル（水を半分ほど入れておく）、ビーチボール、紙コップに輪ゴムを括り付けて、取手を作っておく。フラフープ２つ（１つのフラフープの中にさきほどの輪ゴムを括り付けてあるものを置いておく、もう１つはそのフラフープから約10メートル離れたところへ置く）

〈問　題〉　この問題は絵を参考にしてください。
（この問題は５人ずつのグループに分かれて行い、どれを運ぶかはグループで相談して決める）
今からみんなで協力して、輪ゴムの取手を１人１つ持って、フラフープの中にあるものをもう１つのフラフープの中へ運びます。

〈時　間〉　適宜

〈解　答〉　省略

［2020年度出題］

学習のポイント

当校では、５～６人のグループを対象にした行動観察が行われています。今回は輪ゴムを使って、水の入ったペットボトルなどを運ぶという、工夫も必要な課題ですが、一般的な行動観察と同様に主な観点は協調性であることに変わりはありません。基本的に積極的に行動をし、ほかの人の意見を聞いた上でどのように行動するかを決め、実行に移せば、結果と関係なく協調性があると評価はされるはずです。無理に目立とうとすると、協調性がないと判断されるなど、かなり悪い印象を与えるので、そういった行動はしないようにしてください。また、人見知りが激しい、あるいはおとなしい性格のお子さまは、無理にアイディアを出したり、イニシアチブをとろうとしなくてもかまいません。そういう性格のお子さまだということを面接などでわかってもらうという前提はありますが、誰かの指示に従って、迷惑をかけないように行動できるというのも、１つの個性だからです。

【おすすめ問題集】
　Ｊｒ・ウォッチャー29「行動観察」

問題48　分野：運動

〈準　備〉　平均台、お手玉（５個）、フラフープ（ケンパーできるように配置をする：ケンは１つ置き、パーは２つ揃えて置く。ケンパーケンパーケンケンパーの配置）、ドッジボール

〈問　題〉　**この問題の絵はありません。**
（この問題は６人程度のグループで行う）
①私（出題者）が「１、２、１、２」と言います。その号令に合わせて、みんなで行進してください。前と間が詰まりすぎてはいけません（スタート地点へ向かう）。
②２人でよーいドンで直線上を走り、床に置かれたお手玉をとって帰りに先生にそのお手玉を渡してください（１往復のみ）。
③ボールを壁に当て、跳ね返ってきたボールを１回床に当ててからキャッチしてください（３回繰り返す）。
④１人ずつスタートして、平均台を渡ってください。自分の順番が来るまでは、三角座り（体育座り）で待っていてください。
⑤ケンパーをした後にスキップをしてください。

〈時　間〉　20分

〈解　答〉　省略

［2020年度出題］

学習のポイント

最初の行進は、毎年行われている運動の課題です。掛け声に合わせてキビキビと、行進できるように練習をしておいてください。手は真っすぐ伸ばし、足に合わせて前後に振ると、動きにメリハリが付くのでよい印象が残ります。また、前後の人との間隔にも気を配り、ぶつかったりすることがないようにしてください。難しい運動をするわけではありませんが、さまざまな指示が出されます。指示に混乱することだけはないようにしましょう。なお、運動しない間は三角座りで待つように指示されます。グループ全員の運動が終わるまで待機するのは当たり前ですが、途中で場所の移動といった指示が出ることもあります。自分の順番が終わったからといって、ボーッとしていてはいけません。

【おすすめ問題集】

新 運動テスト問題集、Ｊｒ・ウォッチャー28「運動」

問題49 分野：保護者面接

〈準備〉 なし

〈問題〉 **この問題の絵はありません。**

・志望理由をお聞かせください
・説明会には参加されましたか。その時の印象をお聞かせください。
・お休みの日にお父さま（お母さま）はお子さまとどのように過ごされていますか。
・お子さまは本日の面接のことをご存知ですか。また、そのことを聞いて何と言われましたか。
・子育てについて、特に気を付けていることをお答えください。
・お子さまの性格はどのような性格ですか。長所は何ですか。
・お子さまが夢中になっていることは何ですか。
・お子さまが入学された場合、お母さまはどのようなことを楽しみにしておられますか。
・「親孝行」を教えるには、どのようにすればよいとお考えですか。
・入学したら学校行事などに協力していただけますか。
・現在通っておられる幼児教室をお答えください。
・お父さまが信条としておられることはどのようなことかお聞かせください。
・併願されている学校はどこですか。

〈時間〉 10分

〈解答〉 省略

［2020年度出題］

学習のポイント

当校の面接は試験日の１～２週間前に日時を指定されて行われました。保護者１名と面接官２名で行われ、約10分間実施されました。よく聞かれる質問として説明会の印象についてなどがあります。それに参加して、何を見て期待に沿う学校だと感じたのか、志望理由と絡めて答えられるようにしておきましょう。それ以外の質問では、ご家庭での生活の様子、子育てについての考え方、学校生活に対する保護者の協力姿勢などが問われました。特に、学校生活への協力は、日常の連絡や宿題、学校行事への参加や補助、非常時の保護者による送迎など、さまざまな場面が想定された質問があります。ご家庭の状況を踏まえてどのような協力ができるのかを具体的に答えられるように準備しておいてください。また、面接時間に余裕ができると、モニターにイラストが流れ、「その時どうしますか？」という対応を求める質問もされるそうです。例をあげると、「姉の誕生日ケーキのろうそくの火を消そうとする弟の口を姉が押さえている」などです。

【おすすめ問題集】

新 小学校受験の入試面接Ｑ＆Ａ、保護者のための面接最強マニュアル

①

②③

日本学習図書株式会社

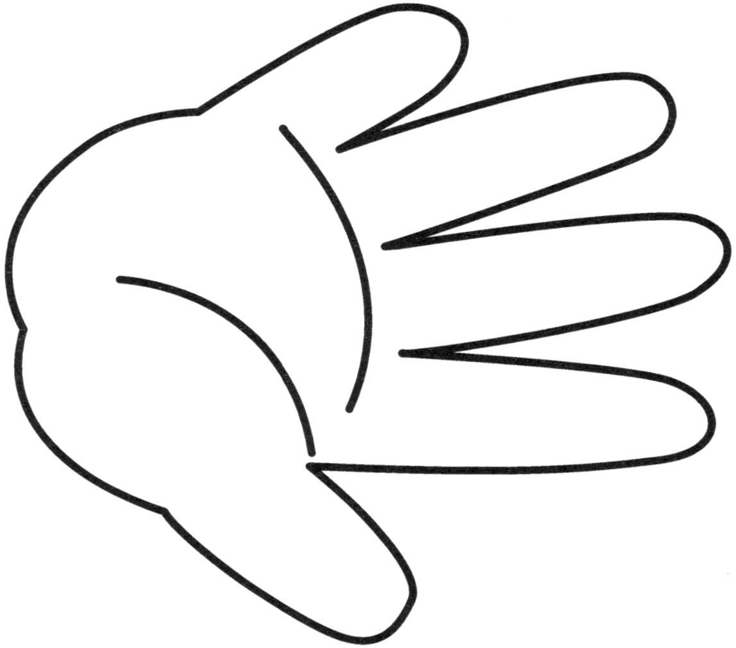

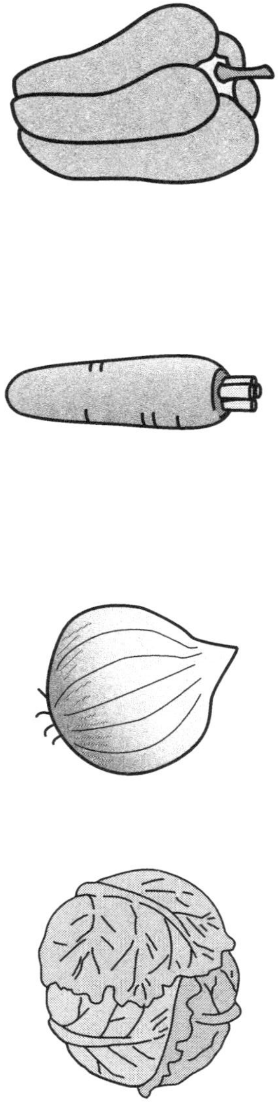

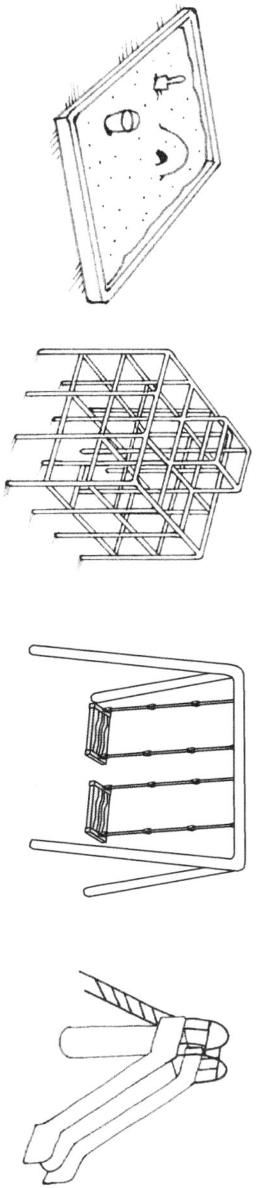

☆雲雀丘学園小学校

問題３８

   日本学習図書株式会社

問題３９

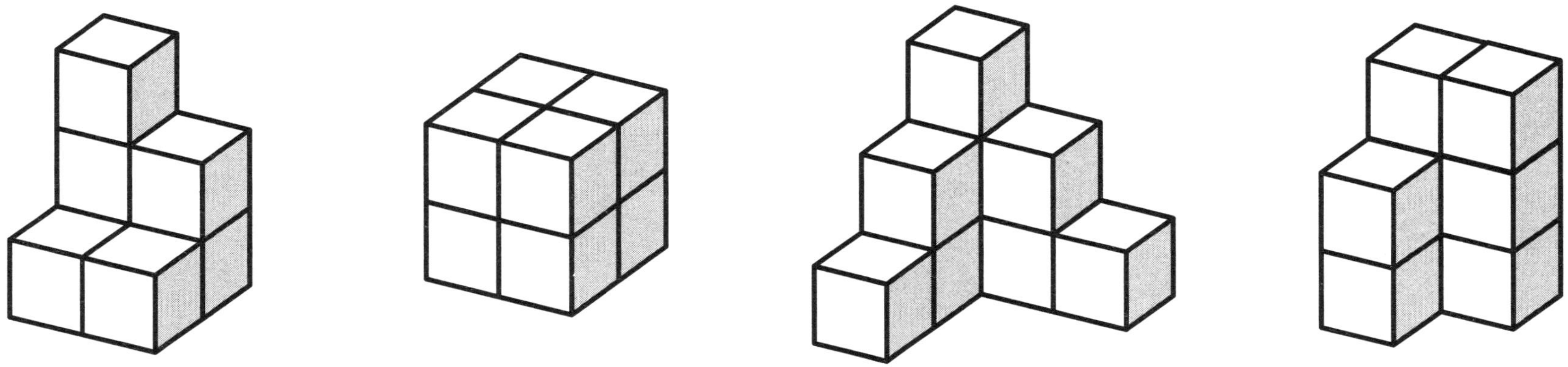

☆雲雀丘学園小学校

2022 年度 関西学院・雲雀丘学園 過去　無断複製／転載を禁ずる　　　日本学習図書株式会社

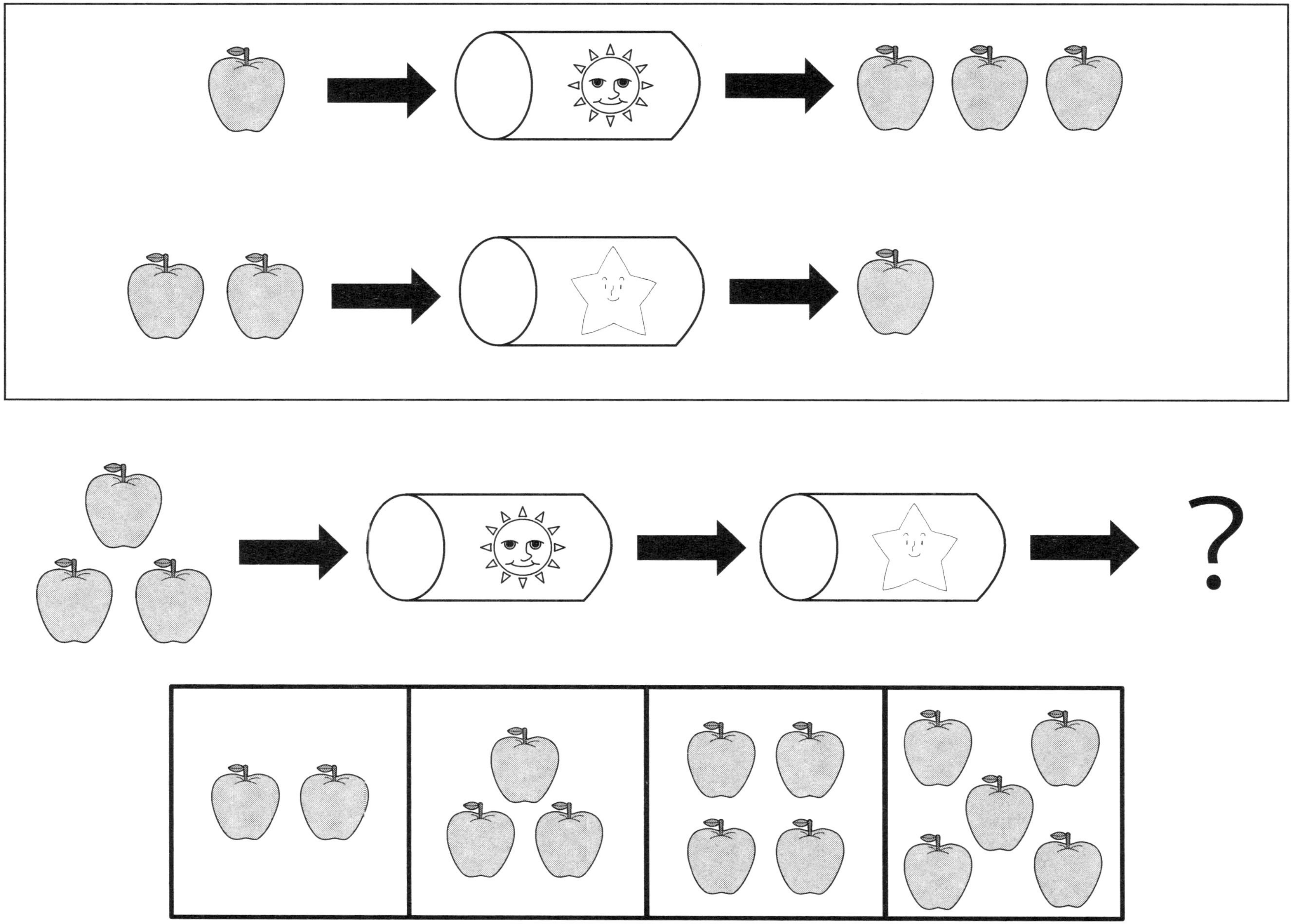

☆雲雀丘学園小学校

2022年度 関西学院・雲雀丘学園 過去　無断複製／転載を禁ずる　日本学習図書株式会社

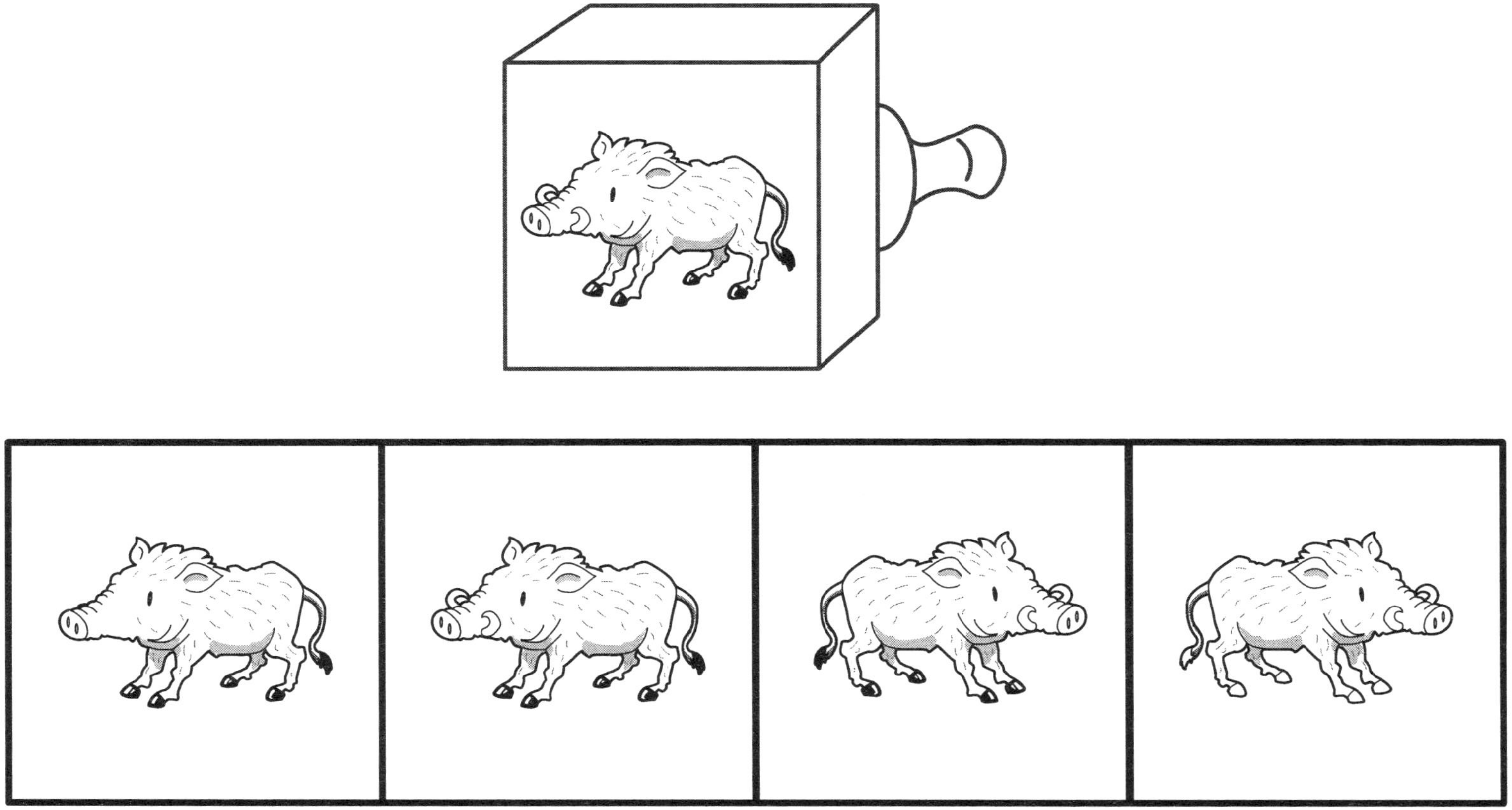

問題42－1

①

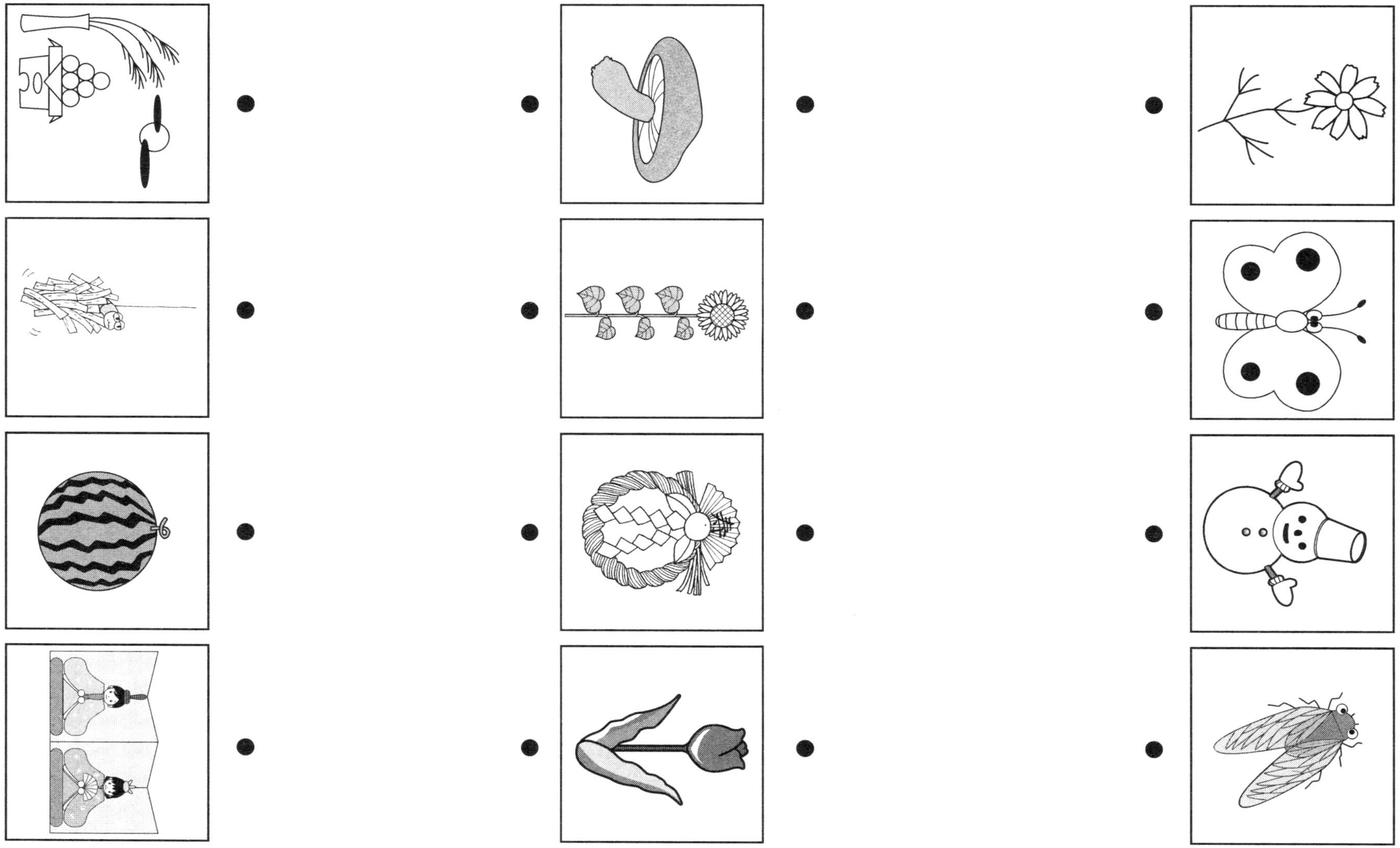

日本学習図書株式会社

●　　●　　●

④日本学習図書株式会社　無断複製／転載を禁ずる　2022 年度 関西学院・雲雀丘学園 過去

☆雲雀丘学園小学校　問題42－2

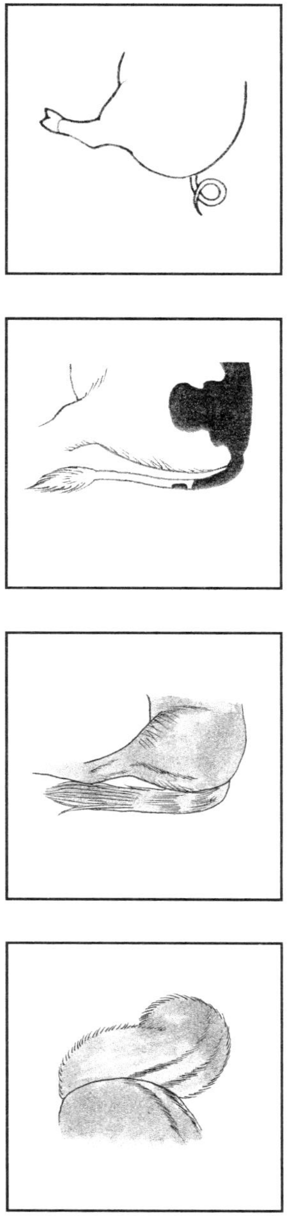

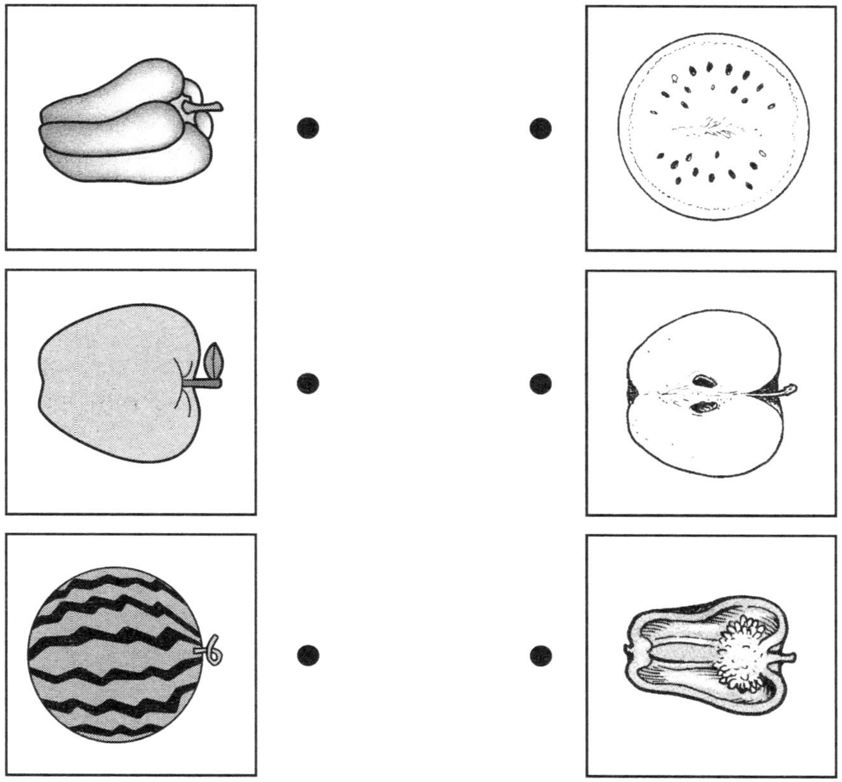

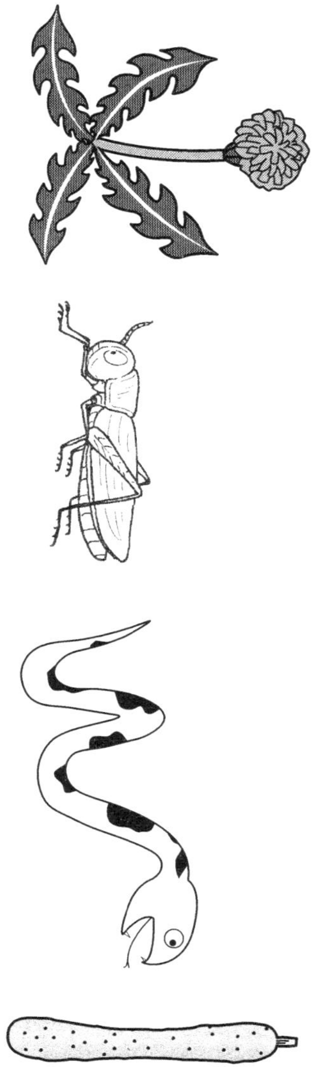

問題43

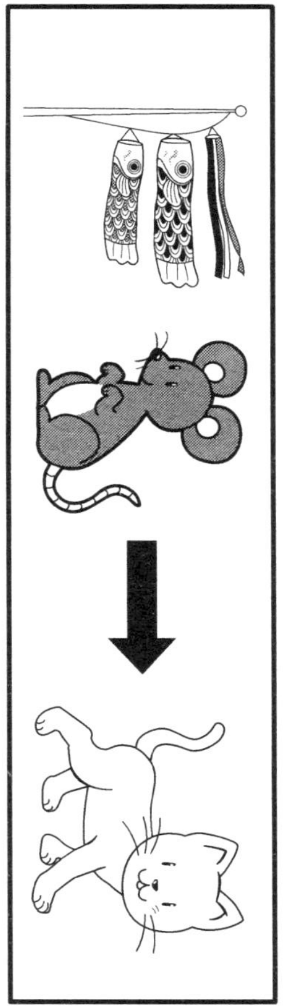

①

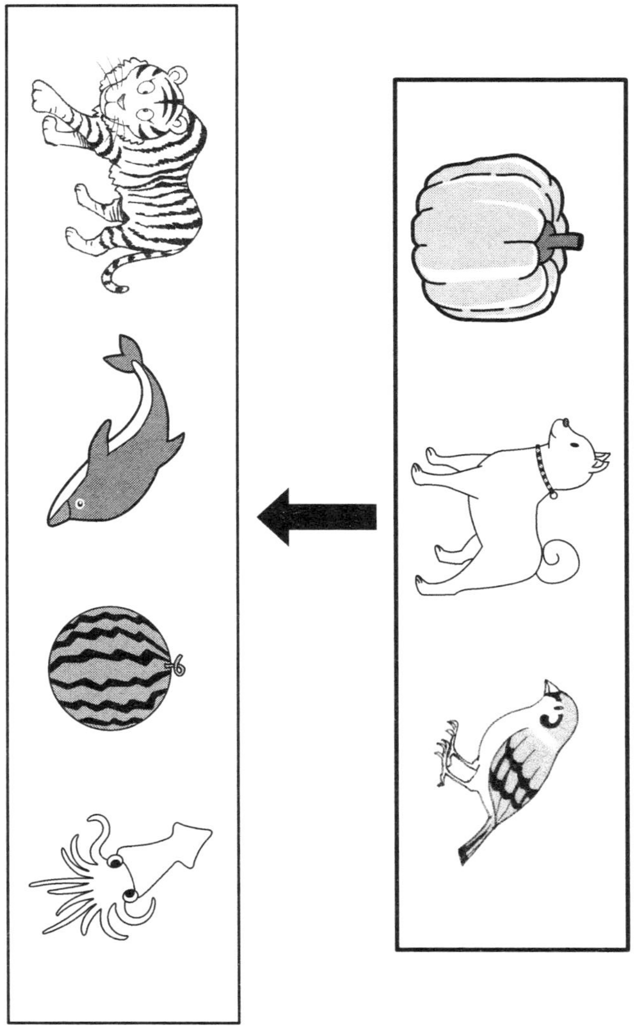

②

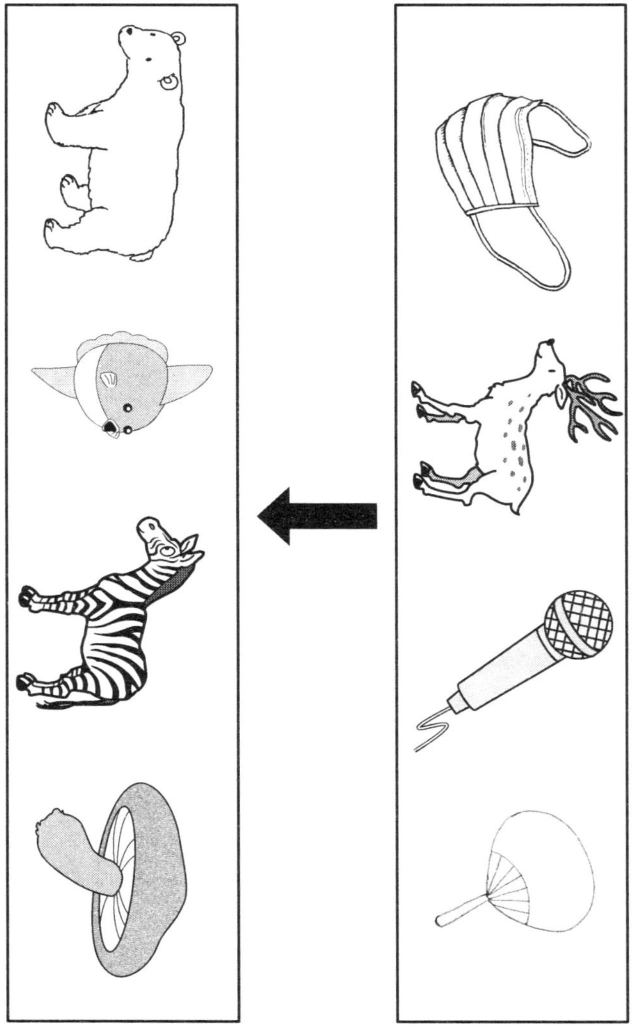

☆雲雀丘学園小学校

2022 年度 関西学院・雲雀丘学園 過去　無断複製／転載を禁ずる　日本学習図書株式会社

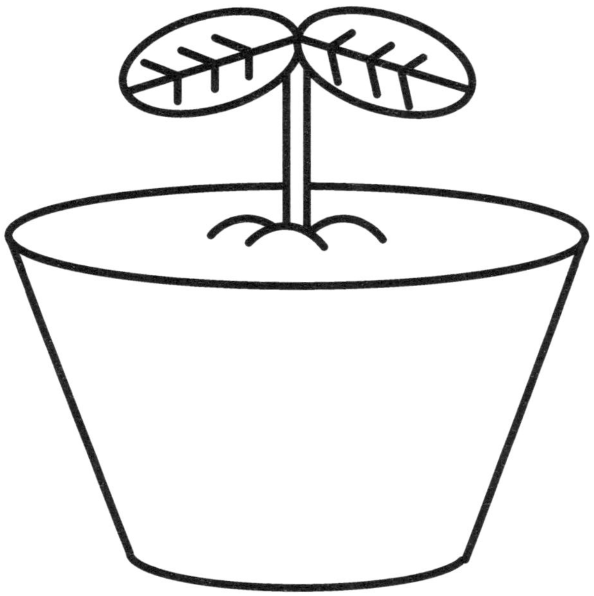

☆雲雀丘学園小学校

2022 年度 関西学院・雲雀丘学園 過去　無断複製／転載を禁ずる　日本学習図書株式会社

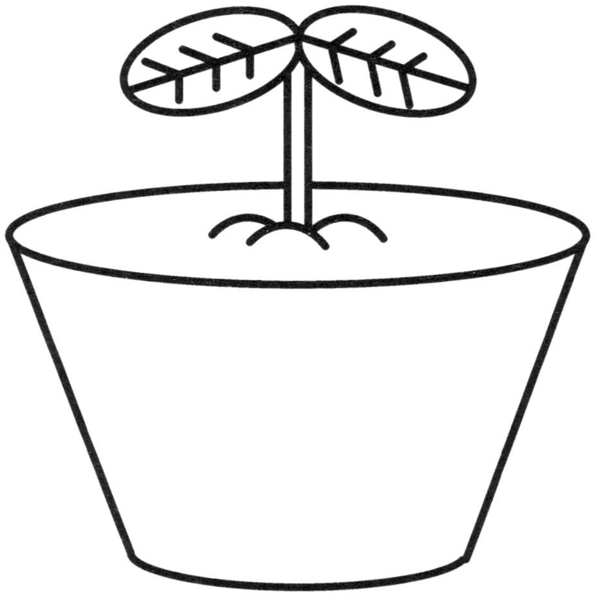

問題４５

問題４６－１

②

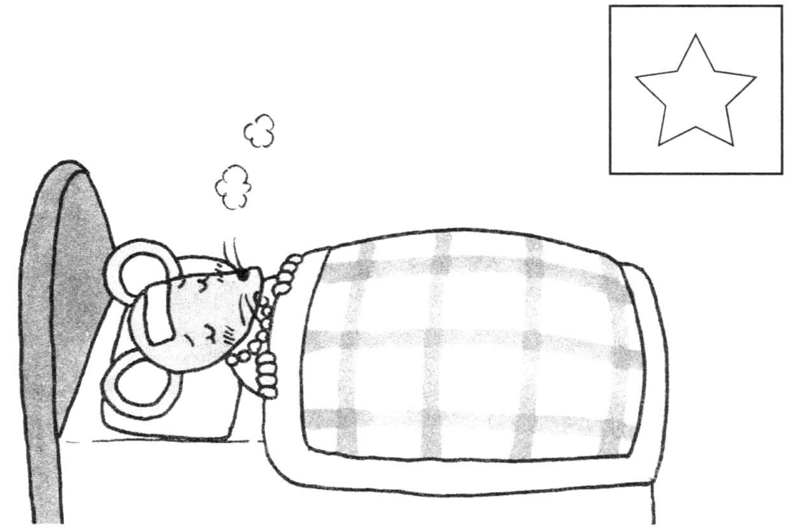

②

⑧

問題 4 6 − 2

☆雲雀丘学園小学校
⑨

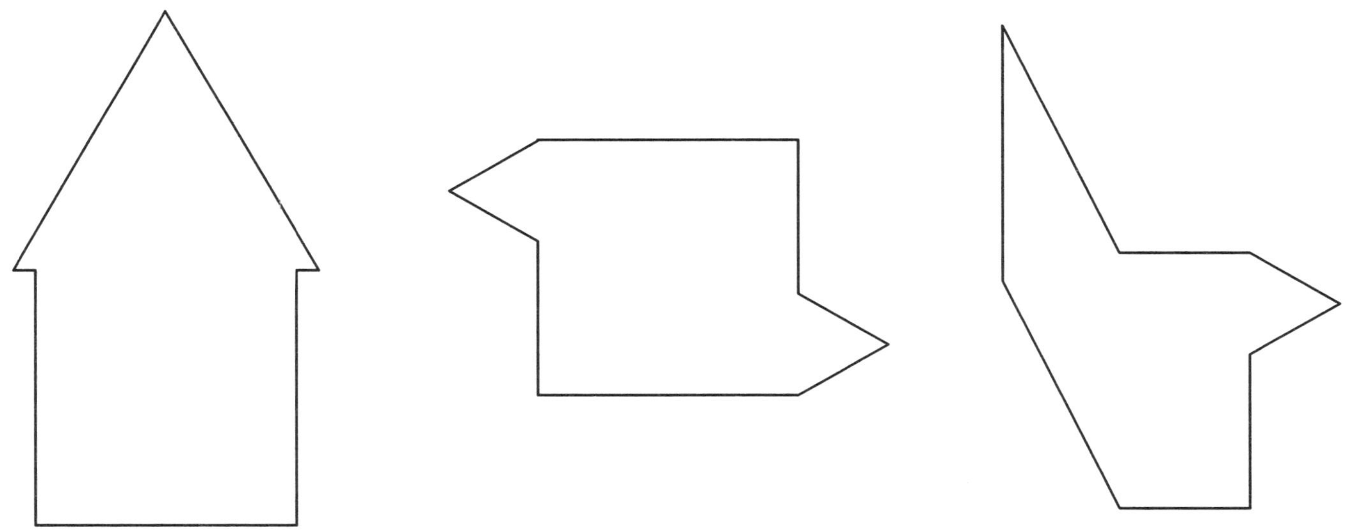

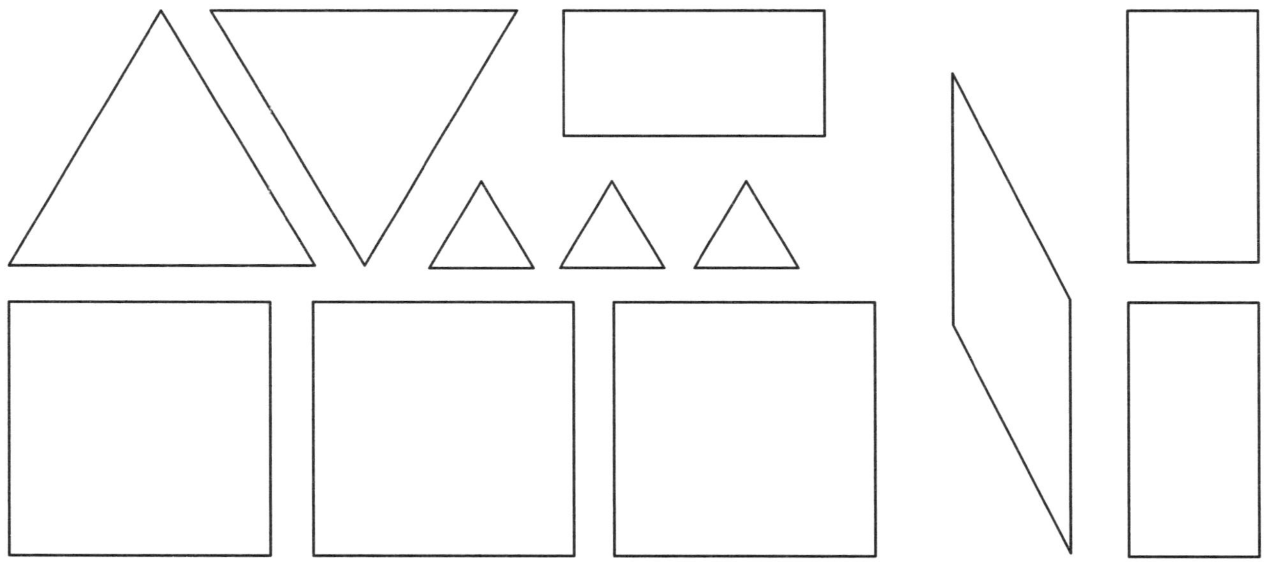

問題47

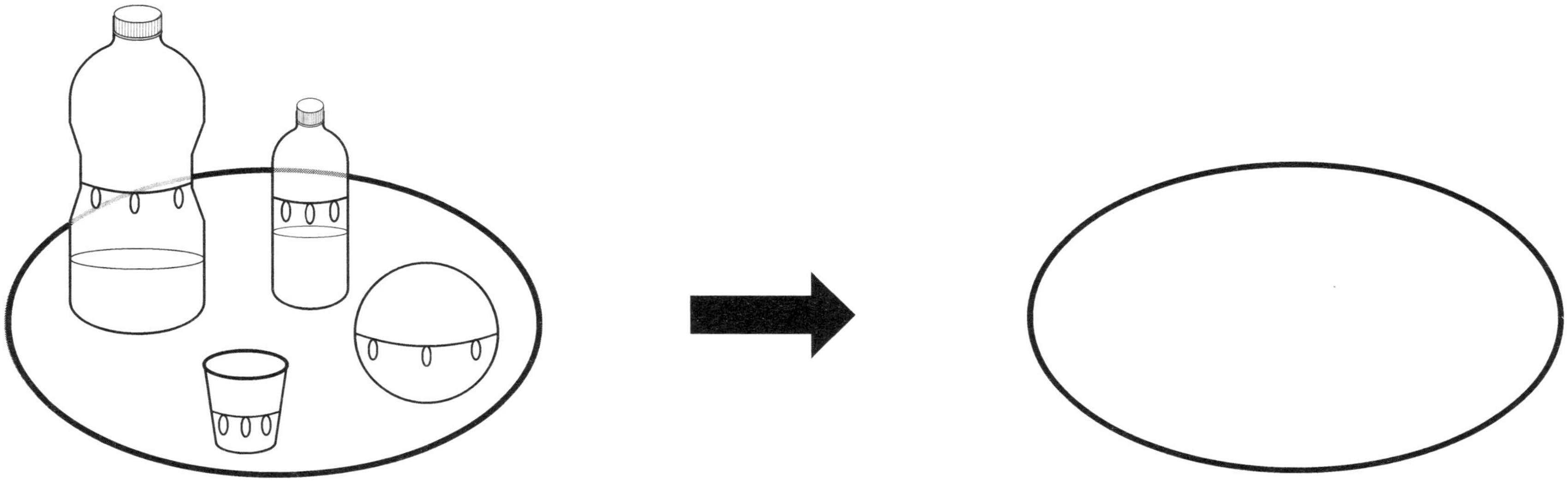

ペットボトルや紙コップ、ボールに輪ゴムを括り付けます。
輪ゴムで作った取手を１人ひとつずつ持って
もう１つのフラフープまで運んでください。

雲雀丘学園小学校　専用注文書

年　　月　　日

合格のための問題集ベスト・セレクション

＊入試頻出分野ベスト３

1st　常　識	2nd　推　理	3rd　数　量
知　識　観察力	観察力　思考力	思考力　集中力

2021年度入試は、行動観察と歌唱の課題が行われませんでした。幅広い分野の常識問題が出題されるので、季節、動物、植物の特徴などについて、早めの習得が必要です。また、口頭試問は問題数も多く、さまざまな出題があるのでしっかりと対策をしておきましょう。

分野	書　名	価格(税込)	注文	分野	書　名	価格(税込)	注文
図形	Ｊｒ．ウォッチャー６「系列」	1,650円	冊	数量	Ｊｒ．ウォッチャー40「数を分ける」	1,650円	冊
推理	Ｊｒ．ウォッチャー10「四方からの観察」	1,650円	冊	図形	Ｊｒ．ウォッチャー46「回転図形」	1,650円	冊
数量	Ｊｒ．ウォッチャー14「数える」	1,650円	冊	言語	Ｊｒ．ウォッチャー49「しりとり」	1,650円	冊
数量	Ｊｒ．ウォッチャー15「比較」	1,650円	冊	推理	Ｊｒ．ウォッチャー53「四方からの観察 積み木編」	1,650円	冊
言語	Ｊｒ．ウォッチャー17「言葉の音遊び」	1,650円	冊	常識	Ｊｒ．ウォッチャー55「理科②」	1,650円	冊
言語	Ｊｒ．ウォッチャー18「いろいろな言葉」	1,650円	冊	常識	Ｊｒ．ウォッチャー56「マナーとルール」	1,650円	冊
記憶	Ｊｒ．ウォッチャー21「お話作り」	1,650円	冊	推理	Ｊｒ．ウォッチャー58「比較②」	1,650円	冊
巧緻性	Ｊｒ．ウォッチャー24「絵画」	1,650円	冊	言語	Ｊｒ．ウォッチャー60「言葉の音（おん）」	1,650円	冊
常識	Ｊｒ．ウォッチャー27「理科」	1,650円	冊		１話５分の読み聞かせお話集①・②	1,980円	各　冊
行動観察	Ｊｒ．ウォッチャー29「行動観察」	1,650円	冊		新 運動テスト問題集	2,420円	冊
常識	Ｊｒ．ウォッチャー34「季節」	1,650円	冊		新 口頭試問・個別テスト問題集	2,750円	冊
図形	Ｊｒ．ウォッチャー35「重ね図形」	1,650円	冊		保護者のための面接最強マニュアル	2,200円	冊
数量	Ｊｒ．ウォッチャー36「同数発見」	1,650円	冊		家庭で行う面接テスト問題集	2,200円	冊
数量	Ｊｒ．ウォッチャー37「選んで数える」	1,650円	冊		新 小学校受験 願書・アンケート・作文 文例集500	2,860円	冊

合計	冊	円

（フリガナ） 氏　名	電　話 ＦＡＸ E-mail
住 所　〒　　　－	以前にご注文されたことはございますか。 有　・　無

★お近くの書店、または記載の電話・FAX・ホームページにてご注文をお受けしております。
　電話：03-5261-8951　FAX：03-5261-8953　代金は書籍合計金額＋送料がかかります。
　※なお、落丁・乱丁以外の理由による商品の返品・交換には応じかねます。

★ご記入頂いた個人に関する情報は、当社にて厳重に管理致します。なお、ご購入の商品発送の他に、当社発行の書籍案内、書籍に関する調査に使用させて頂く場合がございますので、予めご了承ください。

日本学習図書株式会社
http://www.nichigaku.jp

図書カード 1000 円分プレゼント

ご記入日　令和　　年　　月　　日

☆国・私立小学校受験アンケート☆

※可能な範囲でご記入下さい。選択肢は○で囲んで下さい。

〈小学校名〉＿＿＿＿＿＿＿＿＿＿　〈お子さまの性別〉男・女　〈誕生月〉＿＿月

〈その他の受験校〉（複数回答可）＿＿＿＿＿＿＿＿＿＿＿＿＿＿＿

〈受験日〉①：＿＿月＿＿日　〈時間〉＿＿時＿＿分　～　＿＿時＿＿分

②：＿＿月＿＿日　〈時間〉＿＿時＿＿分　～　＿＿時＿＿分

〈受験者数〉　男女計＿＿名　（男子＿＿名　女子＿＿名）

〈お子さまの服装〉＿＿＿＿＿＿＿＿＿＿＿＿＿＿＿

〈入試全体の流れ〉（記入例）準備体操→行動観察→ペーパーテスト

＿＿＿＿＿＿＿＿＿＿＿＿＿＿＿＿＿＿＿＿＿＿＿＿

Eメールによる情報提供

日本学習図書では、Eメールでも入試情報を募集しております。

下記のアドレスに、アンケートの内容をご入力の上、メールをお送り下さい。

ojuken@nichigaku.jp

●行動観察　（例）好きなおもちゃで遊ぶ・グループで協力するゲームなど

〈実施日〉＿＿月＿＿日　〈時間〉＿＿時＿＿分　～　＿＿時＿＿分　〈着替え〉□有　□無

〈出題方法〉　□肉声　□録音　□その他（　　　　　　　）　〈お手本〉□有　□無

〈試験形態〉　□個別　□集団（　　　　人程度）

〈内容〉

□自由遊び

＿＿＿＿＿＿＿＿＿＿＿＿＿＿＿＿＿＿＿＿

□グループ活動

＿＿＿＿＿＿＿＿＿＿＿＿＿＿＿＿＿＿＿＿

□その他

＿＿＿＿＿＿＿＿＿＿＿＿＿＿＿＿＿＿＿＿

〈会場図〉

●運動テスト（有・無）　（例）跳び箱・チームでの競争など

〈実施日〉＿＿月＿＿日　〈時間〉＿＿時＿＿分　～　＿＿時＿＿分　〈着替え〉□有　□無

〈出題方法〉　□肉声　□録音　□その他（　　　　　　　）　〈お手本〉□有　□無

〈試験形態〉　□個別　□集団（　　　　人程度）

〈内容〉

□サーキット運動

□走り　□跳び箱　□平均台　□ゴム跳び

□マット運動　□ボール運動　□なわ跳び

□クマ歩き

□グループ活動＿＿＿＿＿＿＿＿＿＿＿＿＿＿

□その他＿＿＿＿＿＿＿＿＿＿＿＿＿＿＿＿

〈会場図〉

●知能テスト・口頭試問

〈実施日〉＿＿月＿＿日〈時間〉＿＿時＿＿分～＿＿時＿＿分〈お手本〉□有 □無

〈出題方法〉□肉声 □録音 □その他（　　　　）〈問題数〉＿＿枚＿＿問

分野	方法	内容	詳細・イラスト
（例） お話の記憶	☑筆記 □口頭	動物たちが待ち合わせをする話	（あらすじ） 動物たちが待ち合わせをした。最初にウサギさんが来た。次にイヌくんが、その次にネコさんが来た。最後にタヌキくんが来た。 （問題・イラスト） ３番目に来た動物は誰か 
お話の記憶	□筆記 □口頭		（あらすじ） （問題・イラスト）
図形	□筆記 □口頭		
言語	□筆記 □口頭		
常識	□筆記 □口頭		
数量	□筆記 □口頭		
推理	□筆記 □口頭		
その他	□筆記 □口頭		

●制作　（例）ぬり絵・お絵かき・工作遊びなど

〈実施日〉＿＿月＿＿日〈時間〉＿＿時＿＿分　～　＿＿時＿＿分

〈出題方法〉□肉声　□録音　□その他（　　　　　　）〈お手本〉□有　□無

〈試験形態〉□個別　□集団（　　　人程度）

材料・道具	制作内容
□ハサミ □のり（□つぼ　□液体　□スティック） □セロハンテープ □鉛筆　□クレヨン（　色） □クーピーペン（　色） □サインペン（　色）□ □画用紙（□ A4　□ B4　□ A3 　　□その他：　　　　　） □折り紙　□新聞紙　□粘土 □その他（　　　　　　）	□切る　□貼る　□塗る　□ちぎる　□結ぶ　□描く　□その他（　　　　　　） タイトル：＿＿＿＿＿＿＿＿＿＿

●面接

〈実施日〉＿＿月＿＿日〈時間〉＿＿時＿＿分　～　＿＿時＿＿分〈面接担当者〉＿＿名

〈試験形態〉□志願者のみ（　　）名　□保護者のみ　□親子同時　□親子別々

〈質問内容〉

□志望動機　□お子さまの様子

□家庭の教育方針

□志望校についての知識・理解

□その他（　　　　　　　　　　　）

（　詳　細　）

・

・

・

・

※試験会場の様子をご記入下さい。

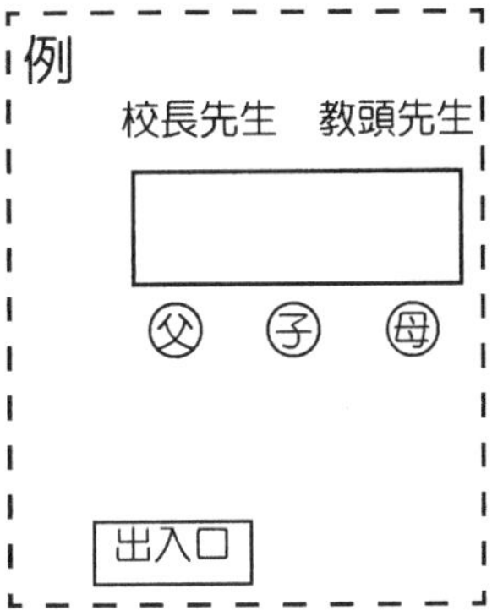

●保護者作文・アンケートの提出（有・無）

〈提出日〉□面接直前　□出願時　□志願者考査中　□その他（　　　　　　　）

〈下書き〉□有　□無

〈アンケート内容〉

（記入例）当校を志望した理由はなんですか（150 字）

●**説明会（□有　□無）**〈開催日〉　　月　　日〈時間〉　　時　　分　～　　時　　分

〈上履き〉　□要　□不要　〈願書配布〉　□有　□無　〈校舎見学〉　□有　□無

〈ご感想〉

●**参加された学校行事**（複数回答可）

公開授業〈開催日〉　　月　　日〈時間〉　　時　　分　～　　時　　分

運動会など〈開催日〉　　月　　日〈時間〉　　時　　分　～　　時　　分

学習発表会・音楽会など〈開催日〉　　月　　日〈時間〉　　時　　分　～　　時　　分

〈ご感想〉

※是非参加したほうがよいと感じた行事について

●**受験を終えてのご感想、今後受験される方へのアドバイス**

※対策学習（重点的に学習しておいた方がよい分野）、当日準備しておいたほうがよい物など

＊＊＊＊＊＊＊＊＊＊＊＊＊　ご記入ありがとうございました　＊＊＊＊＊＊＊＊＊＊＊＊＊

必要事項をご記入の上、ポストにご投函ください。

なお、本アンケートの送付期限は入試終了後３ヶ月とさせていただきます。また、入試に関する情報の記入量が当社の基準に満たない場合、謝礼の送付ができないことがございます。あらかじめご了承ください。

ご住所：〒

お名前：　　　　メール：

ＴＥＬ：　　　　ＦＡＸ：

ご記入頂いた個人に関する情報は、当社にて厳重に管理致します。弊社の個人情報取り扱いに関する詳細は、www.nichigaku.jp/policy.php の「個人情報の取り扱い」をご覧下さい。

分野別 小学入試練習帳 ジュニアウォッチャー

1．点・線図形	小学校入試で出題頻度の高い『点・線図形』の模写を、難易度の低いものから段階別に幅広く練習することができるように構成。
2．座標	図形の位置模写という作業を、難易度の低いものから段階別に練習できるように構成。
3．パズル	様々なパズルの問題を難易度の低いものから段階別に練習できるように構成。
4．同図形探し	小学校入試で出題頻度の高い、同図形選びの問題を繰り返し練習できるように構成。
5．回転・展開	図形などを回転、または展開したとき、形がどのように変化するかを学習し、理解を深められるように構成。
6．系列	数、図形などの様々な系列問題を、難易度の低いものから段階別に練習できるように構成。
7．迷路	迷路の問題を繰り返し練習できるように構成。
8．対称	対称に関する問題を４つのテーマに分類し、各テーマごとに問題を段階別に練習できるように構成。
9．合成	図形の合成に関する問題を、難易度の低いものから段階別に練習できるように構成。
10．四方からの観察	もの（立体）を様々な角度から見て、どのように見えるかを推理する問題を段階別に整理し、１つの形式で複数の問題を練習できるように構成。
11．いろいろな仲間	ものや動物、植物の共通点を見つけ、分類していく問題を中心に構成。
12．日常生活	日常生活における様々な問題を６つのテーマに分類し、各テーマごとに一つの問題形式で複数の問題を練習できるように構成。
13．時間の流れ	『時間』に着目し、様々なものごとは、時間が経過するとどのように変化するのかということを学習し、理解できるように構成。
14．数える	様々なものを『数える』ことから、数の多少の判定やかけ算、わり算の基礎までを練習できるように構成。
15．比較	比較に関する問題を５つのテーマ（数、高さ、長さ、量、重さ）に分類し、各テーマごとに問題を段階別に練習できるように構成。
16．積み木	数える対象を積み木に限定した問題集。
17．言葉の音遊び	言葉の音に関する問題を５つのテーマに分類し、各テーマごとに問題を段階別に練習できるように構成。
18．いろいろな言葉	表現力をより豊かにするいろいろな言葉として、擬態語や擬声語、同音異義語、反意語、数詞を取り上げた問題集。
19．お話の記憶	お話を聴いてその内容を記憶、理解し、設問に答える形式の問題集。
20．見る記憶・聴く記憶	「見て憶える」「聴いて憶える」という『記憶』分野に特化した問題集。
21．お話作り	いくつかの絵を元にしてお話を作る練習をして、想像力を養うことができるように構成。
22．想像画	描かれてある形や景色に好きな絵を描くことにより、想像力を養うことができるように構成。
23．切る・貼る・塗る	小学校入試で出題頻度の高い、はさみやのりなどを用いた巧緻性の問題を繰り返し練習できるように構成。
24・絵画	小学校入試で出題頻度の高い、お絵かきやぬり絵などクレヨンやクーピーペンを用いた巧緻性の問題を繰り返し練習できるように構成。
25．生活巧緻性	小学校入試で出題頻度の高い日常生活の様々な場面における巧緻性の問題集。
26．文字・数字	ひらがなの清音、濁音、拗音、拗長音、促音と１～20までの数字に焦点を絞り、練習できるように構成。
27．理科	小学校入試で出題頻度が高くなりつつある理科の問題を集めた問題集。
28．運動	出題頻度の高い運動問題を種目別に分けて構成。
29．行動観察	項目ごとに問題提起をし、「このような時はどうか、あるいはどう対処するのか」の観点から問いかける形式の問題集。
30．生活習慣	学校から家庭に提起された問題と思って、一問一問絵を見ながら話し合い、考える形式の問題集。

31．推理思考	数、量、言語、常識（含理科、一般）など、諸々のジャンルから問題を構成し、近年の小学校入試問題傾向に沿って構成。
32．ブラックボックス	箱や筒の中を通ると、どのようなお約束でどのように変化するかを推理・思考する問題集。
33．シーソー	重さの違うものをシーソーに乗せた時どちらに傾くのか、またどうすればシーソーは釣り合うのかを思考する基礎的な問題集。
34．季節	様々な行事や植物などを季節別に分類できるように知識をつける問題集。
35．重ね図形	小学校入試で頻繁に出題されている「図形を重ね合わせてできる形」についての問題を集めました。
36．同数発見	様々な物を数え「同じ数」を発見し、数の多少の判断や数の認識の基礎を学べるように構成した問題集。
37．選んで数える	数の学習の基本となる、いろいろなものの数を正しく数える学習を行う問題集。
38．たし算・ひき算１	数字を使わず、たし算とひき算の基礎を身につけるための問題集。
39．たし算・ひき算２	数字を使わず、たし算とひき算の基礎を身につけるための問題集。
40．数を分ける	数を等しく分ける問題です。等しく分けたときに余りが出るものもあります。
41．数の構成	ある数がどのような数で構成されているか学んでいきます。
42．一対多の対応	一対一の対応から、一対多の対応まで、かけ算の考え方の基礎学習を行います。
43．数のやりとり	あげたり、もらったり、数の変化をしっかりと学びます。
44．見えない数	指定された条件から数を導き出します。
45．図形分割	図形の分割に関する問題集。パズルや合成の分野にも通じる様々な問題を集めました。
46．回転図形	「回転図形」に関する問題集。やさしい問題から始め、いくつかの代表的なパターンから、段階を踏んで学習できるよう編集されています。
47．座標の移動	「マス目の指示通りに移動する問題」と「指示された数だけ移動する問題」を収録。
48．鏡図形	鏡で左右反転させた時の見え方を考えます。平面図形から立体図形、文字、絵まで。
49．しりとり	すべての学習の基礎となる「言葉」を学ぶこと、特に「語彙」を増やすことに重点をおき、さまざまなタイプの「しりとり」問題を集めました。
50．観覧車	観覧車やメリーゴーラウンドなどを舞台にした「回転系列」の問題集。「推理思考」分野の問題ですが、要素として「図形」や「数量」も含みます。
51．運筆①	鉛筆の持ち方を学び、点線なぞり、お手本を見ながらの模写で、線を引く練習をします。
52．運筆②	運筆①からさらに発展し、「欠所補完」や「迷路」などを楽しみながら、より複雑な鉛筆運びを習得することを目指します。
53．四方からの観察 積み木編	積み木を使用した「四方からの観察」に関する問題を練習できるように構成。
54．図形の構成	見本の図形がどのような部分によって形づくられているかを考えます。
55．理科②	理科的知識に関する問題を集中して練習する「常識」分野の問題集。
56．マナーとルール	道路や駅、公共の場でのマナー、安全や衛生に関する常識を学べるように構成。
57．置き換え	さまざまな具体的・抽象的事象を記号で表す「置き換え」の問題を扱います。
58．比較②	長さ・高さ・体積・数などを数学的な知識を使わず、論理的に推測する「比較」の問題を練習できるように構成。
59．欠所補完	線と線のつながり、欠けた絵に当てはまるものなどを求める「欠所補完」に取り組める問題集です。
60．言葉の音（おん）	しりとり、決まった順番の音をつなげるなど、「言葉の音」に関する問題に取り組める練習問題集です。